# जैसा तुम चाहो

## शेक्सपियर

अनुवाद : रांगेय राघव

राजपाल

अनुवाद
**रांगेय राघव**

ISBN : 9789350643341
संस्करण : 2015   © राजपाल एण्ड सन्ज़
JAISA TUM CHAHO (Play)
(Hindi edition of *As You Like* by Shakespeare)

**राजपाल एण्ड सन्ज़**
1590, मदरसा रोड, कश्मीरी गेट-दिल्ली-110006
फोनः 011-23869812, 23865483, फैक्सः 011-23867791
website : www.rajpalpublishing.com
e-mail : sales@rajpalpublishing.com

# शेक्सपियर : संक्षिप्त परिचय

विश्व साहित्य के गौरव, अंग्रेज़ी भाषा के अद्वितीय नाटककार शेक्सपियर का जन्म 26 अप्रैल, 1564 ई. में स्ट्रैटफ़ोर्ड-ऑन-ऐवोन नामक स्थान में हुआ। उसकी बाल्यावस्था के विषय में बहुत कम ज्ञात है। उसका पिता एक किसान का पुत्र था, जिसने अपने पुत्र की शिक्षा का अच्छा प्रबन्ध भी नहीं किया। 1582 ई. में शेक्सपियर का विवाह अपने से आठ वर्ष बड़ी ऐन हैथवे से हुआ और सम्भवतः उसका पारिवारिक जीवन सन्तोषजनक नहीं था। महारानी एलिज़ाबेथ के शासनकाल में 1585 ई. में शेक्सपियर लन्दन जाकर नाटक-कम्पनियों में काम करने लगा। हमारे जायसी, सूर और तुलसी का प्रायः समकालीन यह कवि यहीं आकर यशस्वी हुआ और उसने अनेक नाटक लिखे, जिनसे उसने धन और यश दोनों कमाए। 1612 ई. में उसने लिखना छोड़ दिया और अपने जन्म-स्थान को लौट गया और शेष जीवन उसने समृद्धि तथा सम्मान से बिताया। 1616 ई. में उसका स्वर्गवास हुआ। इस महान नाटककार ने जीवन के इतने पहलुओं को इतनी गहराई से चित्रित किया है कि वह विश्व-साहित्य में अपना सानी सहज ही नहीं पाता। मारलो तथा बेन जानसन जैसे उसके समकालीन कवि उसका उपहास करते रहे, किन्तु वे तो लुप्तप्राय हो गए; और यह कविकुल दिवाकर आज भी देदीप्यमान है।

शेक्सपियर ने लगभग छत्तीस नाटक लिखे हैं, कविताएँ अलग। उसके कुछ प्रसिद्ध नाटक हैं—जूलियस सीज़र, ऑथेलो, मैकबेथ, हैमलेट, किंग लियर, रोमियो जूलियट (दुःखान्त), वेनिस का सौदागर, बारहवीं रात, तिल

का ताड़ (मच एडू अबाउट नथिंग), तूफ़ान (सुखान्त)। इनके अतिरिक्त ऐतिहासिक नाटक हैं तथा प्रहसन भी हैं। प्रायः उसके सभी नाटक प्रसिद्ध हैं।

शेक्सपियर ने मानव-जीवन की शाश्वत भावनाओं को बड़े ही कुशल कलाकार की भाँति चित्रित किया है। उसके पात्र आज भी जीवित दिखाई देते हैं। जिस भाषा में शेक्सपियर के नाटक का अनुवाद नहीं है वह उन्नत भाषाओं में कभी नहीं गिनी जा सकती।

# भूमिका

'जैसा तुम चाहो' शेक्सपियर का एक सुखान्त नाटक है। इसे उसने सम्भवतः 1599 ई. के उत्तरार्द्ध में या 1600 ई. के पूर्वार्धकाल में लिखा था। शेक्सपियर के नाट्यजीवन-विषयक समय में यह उसके दूसरे काल की रचना है। नाटक का मूल स्रोत एक फ्रांसीसी उपन्यास 'रोज़ालिंड इयुफ्रुएस गोल्डन लगैसी' (Rosalynde Euphues Golden Legacie) से लिया गया है, जिसमें उपदेशात्मक रूप से बताया गया है कि विपत्ति का अन्त सुखमय होता है। यह एक प्रेमकथा है। प्रतिकार से संधि भली है और भलाई की ही अन्त में जीत होती है।

कथानक यों है—ऑरलेंडो एक सुन्दर युवक, स्वर्गीय सर रोलैंड का पुत्र, अपने भाई ओलिवर का संरक्षित, दुर्व्यवहार में रखा गया। उसने विद्रोह किया तो बड़े भाई ने उसके वध की तैयारी की। ऑरलेंडो का मल्लयुद्ध ड्यूक के दरबारी मल्ल चार्ल्स से हुआ। ड्यूक फ्रैडरिक अपने भाई का राज्य हड़प बैठा था। उसकी पुत्री सीलिया और निर्वासित ड्यूक की पुत्री रोज़ालिंड में बड़ी प्रीति थी। उन्होंने ऑरलेंडो की सुकुमारता देख युद्ध रोकना चाहा। परन्तु ऑरलेंडो ने चार्ल्स को हरा दिया। रोज़ालिंड ने उसे कण्ठहार दिया। दोनों में प्रेम हो गया।

ड्यूक फ्रैडरिक ने रोज़ालिंड को देश निकाला दिया। रोज़ालिंड चरवाहा बनी, पुरुष-रूप धर लिया, सीलिया देहाती स्त्री बनी। दोनों निर्वासित ड्यूक के वन में चली गईं। इनके साथ विदूषक टचस्टोन भी गया।

उधर ऑरलेंडों ने भी भाई के कुचक्रों से तंग आ, पिता के पुराने

सेवक आदम के साथ घर छोड़ा और दोनों उसी अर्दन वन में पहुँचे।

प्रेम में पागल ऑरलेंडो ने अनेक प्रेम-कविताएँ लिखीं; पेड़ों पर कविताएँ लटका दीं। रोज़ालिंड ने उन्हें पढ़ा। एक दिन वह अपने पुरुष-वेश में उससे मिली पर वह पहचान न सका। रोज़ालिंड ने कहा, ''मुझे प्यार करो तो तुम्हें तुम्हारी प्रिया से मिला दूँगा।''

ड्यूक फ्रैडरिक के दोषारोपण से डरकर बड़ा भाई ओलिवर भी घर छोड़ भागा और वहीं पहुँचा। ड्यूक ने उसकी सम्पत्ति हड़प ली। वन में वह सो रहा था कि भूखी शेरनी ने आ घेरा। ऑरलेंडो ने सिंहिनी पर हमला कर भाई के प्राण बचा लिए और स्वयं घायल हो गया। अपने रक्त से सना रूमाल उसने चरवाहे को भेज दिया। रोज़ालिंड उसे देख मूच्छिंत हो गई।

अन्त में दोनों का मिलन हुआ। सीलिया और ओलिवर भी मिल गए। टचस्टोन ने भी ऐ देहातिन से विवाह कर लिया। गैनीमीड यानी रोज़ालिंड की प्रसन्नता तब पूर्ण हो गई जब ड्यूक फ्रैडरिक वन में बड़े भाई के पास गया और उसने पश्चात्ताप करते हुए क्षमा माँगी।

यों सुख से मिलन सम्पन्न हो गया।

'जैसा तुम चाहो' शेक्सपियर का बहुत ही उत्कृष्ट सुखान्त नाटक माना जाता है। इसमें हास्य भी है और मस्ती भी। सौन्दर्य तो बिखरा पड़ा है। शेक्सपियर ने अपने समय के सुखान्त नाटक की परम्परा के आगे बढ़कर ही अपनी रचना को उत्कृष्ट बनाया। प्रस्तुत नाटक में नायक से अधिक नारी चित्रण नाटककार ने अधिक सफलता से किया है।

विदूषक का पात्र इस नाटक में बहुत ही महत्त्वपूर्ण है, क्योंकि वह वास्तव में बड़ा चतुर व्यक्ति है। प्रस्तुत नाटक में प्रकृति का बहुत सामीप्य है।

इस नाटक का अनुवाद करना बहुत कठिन कार्य रहा है। एक तो हास्य में शेक्सपियर ने अंग्रेज़ी भाषा के दो अर्थों वाले शब्दों का प्रयोग किया है, जिन्हें दूसरी भाषा में उतारना असम्भव-सा बन गया है। दूसरे, गीतों में कुछ ऐसे 'आनन्दसूचक' शब्दों का या ध्वनियों का प्रयोग किया

गया है, जिनका हिन्दी में पर्याय है ही नहीं। इसलिए मैंने मूलार्थ दे दिया है—गद्य में, ताकि पाठक नाटककार के मूल से जानकारी प्राप्त कर ले, और वैसे उसी भावार्थ को लेकर गीत भी लिख दिए हैं ताकि वैसे नाटक पढ़ते समय कोई व्याघात उपस्थित न हो।

इस नाटक के गीतों में बहुत-से ऐसे सन्दर्भ भी आते हैं जो काव्य के दृष्टिकोण से हिन्दी में अनुवाद कर देने पर पाठक को आनन्द नहीं दे सकते, जैसे क्लियोपैट्रा इत्यादि के उल्लेख ऐसे ही हैं, अतः उन्हें केवल मूलार्थ में दे दिया गया है।

मेरी अत्यन्त सावधानी के बाद भी अवश्य अभाव रह गए होंगे जिन के लिए मैं शेक्सपियर के प्रेमियों से यही चाहूँगा कि वे मुझे भविष्य के लिए और भी सावधान कर दें।

—रांगेय राघव

# पात्र-परिचय

| | | |
|---|---|---|
| ड्यूक | : | निर्वासित |
| फ्रैडरिक | : | उसका भाई, जिसने राज्य हड़पा है। |
| अमींस | } | |
| जेक्स | : | निर्वासित ड्यूक के सेवक लॉर्ड |
| लेब्यू | : | फ्रैडरिक का दरबारी |
| चार्ल्स | : | फ्रैडरिक का मल्ल |
| ओलिवर | | |
| जेक्स | } | सर रोलैंड दे बोयस के पुत्र |
| ऑरलेंडो | | |
| आदम | } | ओलिवर के नौकर |
| डेन्निस | | |
| टचस्टोन | : | विदूषक |
| सर ऑलीवर मारटेक्स्ट | : | एक पादरी |
| कोरिन | } | |
| सिल्वियस | : | चरवाहे |
| विलियम | : | एक ग्रामीण, औड्री का प्रेमी |

हिमैन का प्रतिनिधित्व करने वाला एक व्यक्ति

| | | |
|---|---|---|
| रोज़ालिंड | : | ड्यूक की पुत्री |
| सीलिया | : | फ्रैडरिक की पुत्री |
| फीबी | : | एक चरवाहिन |
| औड्री | : | एक ग्रामीण कुलटा |

(लॉर्ड पेज तथा सेवक इत्यादि)

लॉर्ड–सामन्त; पेज–विशेष सेवक लड़के।

# पहला अंक

## दृश्य 1

**[ऑर्लेंडो और आदम का प्रवेश]**

**ऑर्लेंडो :** जहाँ तक मुझे याद आता है, आदम! मेरे पिता ने मेरे लिए सिर्फ एक हज़ार की छोटी-सी सम्पत्ति छोड़ी थी, और जैसा कि तुम कहते हो, उन्होंने मेरे भाई को मेरे उचित पालन-पोषण का उत्तरदायित्व दिया था। यही तो मेरे दुःख और चिन्ताओं का कारण है। खबर आई है कि जेक्स को उच्च शिक्षा प्राप्त करने के लिए विश्वविद्यालय में भर्ती करवा दिया गया है और वह वहाँ बड़ी उन्नति भी कर रहा है लेकिन जहाँ तक मेरा सवाल है, मुझे घर पर ही रखा जा रहा है और देखते ही हो कि मुझसे व्यवहार भी अच्छा नहीं किया जा रहा है। मुझे कितना असन्तोष है, जानते हो? मुझ जैसे सम्भ्रान्त-कुलीन व्यक्ति को क्या बैलों की भाँति पाला जाना चाहिए? उसके घोड़े भी मुझसे अधिक अच्छी तरह रखे जाते हैं। उनको तो समय पर न केवल अच्छा खाना दिया जाता है, बल्कि अच्छे-अच्छे सवार उनकी देखभाल करते हैं, उन्हें सिखाते हैं। और एक मैं उसका भाई हूँ। जिसका समय रसहीन बेकारी में बीतता है; मैं तो कहता हूँ, कि मेरी हालत एक जानवर से भी गई-बीती है। न तो वह मुझे अपने मन से कोई चीज़ देता है कि मेरा मन भर जाए; वरन् उल्टे लगता है, उसका व्यवहार ही ऐसा है, कि मेरी प्राकृतिक वृत्तियों तक को

मुझसे छीनने में प्रवृत्त-सा प्रतीत होता है। उसका बस चले तो वह क्या न कर डाले? खेतिहर मजूर का सा तो मुझे भोजन दिया जाता है। क्या मैं उसका ऐसा ही भाई हूँ? मुझे वह अशिक्षित रखता है, इसका भी कारण अवश्य है। वह चाहता है कि मेरे भीतर जो अच्छे गुण हैं, वे विकास प्राप्त ही न कर पाएँ। आदम! मुझे इससे बहुत दुःख होता है। मेरे पिता की आत्मा मेरे भीतर जाग्रत है और वह इस दासत्व के विरुद्ध विद्रोह कर उठती है। मैं इस सबको अब और नहीं सह सकता, मैं समझ रहा हूँ कि अभी तक सबसे दूर जाने का मेरे पास कोई उपाय नहीं है; फिर भी इसको सहते रहना मेरे लिए दुष्कर है।

**आदम :** यह लो। वह देखो, तुम्हारा भाई—मेरा मालिक आ रहा है।

**ऑरलेंडो :** आदम! तुम हट जाओ ज़रा यहाँ से। और देखना, मुझसे वह कैसा बुरा व्यवहार करता है।

[ओलिवर का प्रवेश]

**ओलिवर :** कहिए जनाब! यहाँ क्या हो रहा है?

**ऑरलेंडो :** कुछ नहीं। मुझे सिखाया ही क्या गया है जो कुछ कर भी सकूँ?

**ओलिवर :** अच्छा! आपको हो क्या गया है, ज़रा बताइए न!

**ऑरलेंडो :** मुझे परमात्मा ने आपका अयोग्य भाई बनाया है किन्तु मैं निठल्ला हूँ। और आपके कारण।

**ओलिवर :** वाह, क्या खूब! जाओ, जाओ! कुछ करो-धरो। मेरी आँखों से परे हो जाओ।

**ऑरलेंडो :** क्या मैं तुम्हारे सूअरों की देखभाल करूँ और उनके साथ मुँह डालकर भूसा चबाऊँ? आखिर मैंने कौन-सा पैतृक धन फूँक डाला है कि मुझे इतनी दरिद्रता का प्रसाद मिला है?

**ओलिवर :** तुम जानते हो, तुम कहाँ हो?

**ऑरलेंडो :** आपके बाग में श्रीमान्! खूब जानता हूँ।

**ओलिवर :** यह भी मालूम है, तुम किससे बातें कर रहे हो?

**ऑरलेंडो** : खूब जानता हूँ कि आपके सामने हूँ। और यह भी जानता हूँ कि आप मेरे बड़े भाई हैं। लेकिन आपको भी तो मुझसे भाई-जैसा व्यवहार करना चाहिए। संसार की सभ्य जातियों के नियम से आप मेरे आदर के पात्र हैं, क्योंकि आपने मुझसे पहले जन्म लिया है; किन्तु यही परम्परा क्या मुझ पर, मेरे खून पर लागू नहीं होती? भले ही हम बीस भाई होते, लेकिन होता तो फिर भी मेरी रगों में उसी बाप का खून? और यह क्या मैं नहीं मानता कि बड़े होने के नाते आपका दरजा मेरे लिए पिता के ही समान है?

**ओलिवर** : अरे लड़के! इतनी बातें?

**ऑरलेंडो** : वाह-वाह! बड़े भाई हैं, मगर बातें तो बालकों जैसी करते हैं!

**ओलिवर** : ओ बदमाश! क्या तू मुझ पर हाथ उठाएगा?

**ऑरलेंडो** : मैं बदमाश नहीं हूँ, सर रोलैंड दे बोयस का कनिष्ठ पुत्र हूँ। वे मेरे पिता थे और जो यह कहता है कि मेरे पिता ने गुण्डों को जन्म दिया, वही असल में तिगुना गुण्डा है। अगर तुम मेरे बड़े भाई न होते तो इस हाथ से तुम्हारा गला पकड़कर दूसरे से तुम्हारी नापाक जीभ बाहर खींच लेता जिससे तुमने ऐसे शब्द कहे। तुमने मुझे नहीं, अपने-आपको गाली दी है। **(गला पकड़ता है)**

**आदम** : *(बढ़कर)* मेरे आदरणीय मालिको! तनिक शान्ति रखो! यह तो याद करो कि आपके पिता कैसे थे, और आप उन्हीं के पुत्र हैं। एक-दूसरे से स्नेह करें, प्रेम करें।

**ओलिवर** : छोड़ो मुझे!

**ऑरलेंडो** : मेरी जब इच्छा होगी तब छोड़ूँगा। मेरे पिता ने वसीयत में कहा था कि तुम मेरी ज़िम्मेदारी सम्भालोगे, पढ़ाओगे, लिखाओगे; लेकिन तुमने मुझसे गँवार-जैसा बर्ताव किया है ताकि मैं सारे सुसंस्कृत गुणों से दूर रह जाऊँ। आज मेरे स्वर्गीय पिता की आत्मा क्षोभ से व्याकुल हो गई है और मेरा रक्त क्रोध से खौल रहा है। मैं कभी ऐसा दुर्व्यवहार सहन नहीं कर सकूँगा। अब और सहना असम्भव है। यही उचित

है कि मुझे उन्नति करने का अवसर दो ताकि मैं भी समाज में मानवीय गुणों का अर्जन कर सकूँ, सुसंस्कृत बन सकूँ। या फिर मुझे मेरे लिए पिता द्वारा वसीयत किए गए हज़ार सिक्कों का वह थोड़ा-सा धन ही दे दो, जिससे मैं विदेश में चला जाऊँ और अपने भाग्य की परीक्षा करूँ।

**ओलिवर :** और जब वह धन चुक जाएगा तब क्या करोगे? मैं कहता हूँ घर चलो। मैं स्वयं तुमसे छूटना चाहता हूँ; जो परेशानी मुझे तुम्हारे कारण है उससे बचने का पक्का इरादा कर चुका हूँ। पिता की वसीयत में जो धन कहा गया है उसका हिस्सा तुम्हें मिल जाएगा। कृपा करो! मुझे छोड़ दो!

**ऑरलेंडो :** अब और तुम्हें रोकने की मेरी इच्छा नहीं है। रोका भी इसीलिए था कि अपना हिस्सा ले सकूँ। (छोड़ता है)

**ओलिवर :** (आदम से) ओ बुड्ढे कुत्ते! तू भी, इसके साथ ही निकल जा।

**आदम :** क्या यही 'बुड्ढा कुत्ता' मेरी इतनी सेवाओं का इनाम है? ठीक ही है, एक तरह से मैं हूँ भी बुड्ढा कुत्ता, क्योंकि इतनी ईमानदारी से तुम्हारी सेवा करते हुए ही मेरे दाँत गिर चुके हैं। मेरे स्वर्गीय स्वामी! भगवान् तुम्हारा साथ दें। तुम्हारी आत्मा को शान्ति दें। तुमने तो कभी मुझ से ऐसे नहीं कहा था।

[ऑरलेंडो और आदम का प्रस्थान]

**ओलिवर :** अच्छा! तुम इतने बढ़ गए? अच्छी बात है। ले भी लेना! मैं इस गुस्ताखी का इलाज करके रहूँगा और हज़ार सिक्के भी नहीं दूँगा। डेन्निस!

[डेन्निस का प्रवेश]

**डेन्निस :** सरकार ने मुझे बुलाया?

**ओलिवर :** क्या ड्यूक का पहलवान चार्ल्स ही न मुझसे मिलने आया था?

**डेन्निस :** हाँ सरकार! वह दरवाज़े पर खड़ा बाट जोह रहा है। वह आपसे मिलने की आज्ञा चाहता है।

**ओलिवर :** बुलाओ उसे। *(डेन्निस का प्रस्थान)* यही तरीका सबसे अच्छा रहेगा। कल ही कुश्ती रखनी चाहिए।

[चार्ल्स का प्रवेश]

**चार्ल्स :** श्रीमान् को प्रणाम करता हूँ।

**ओलिवर :** आइए श्रीमान् चार्ल्स! नये ड्यूक के दरबार की नई खबर क्या है?

**चार्ल्स :** वैसे तो कोई विशेष नहीं। वही चर्चा कि नए ड्यूक ने अपने बड़े भाई पुराने ड्यूक को निर्वासित कर दिया और पुराने ड्यूक के साथ उसके तीन-चार खास सामन्त अपने-आप निर्वासन में चले गए हैं। नए ड्यूक ने उनकी सम्पत्ति को भी ज़ब्त कर लिया है और इस तरह सदा ही घूमते रहने का उसने उन्हें मौका दे दिया है।

**ओलिवर :** क्या आप बता सकते हैं कि बड़े ड्यूक की लड़की रोज़ालिंड भी अपने पिता के साथ ही निर्वासित कर दी गई है?

**चार्ल्स :** नहीं-नहीं। सीलिया है न?—नये ड्यूक की पुत्री! वह उसे प्यार करती है। उनका पालन-पोषण एक साथ ही हुआ है। अगर रोज़ालिंड को देश निकाला होता तो सीलिया अवश्य उसके पीछे चल देती या जान दे देती। रोज़ालिंड तो घर पर ही है और उसका चाचा नया ड्यूक उसे उतना ही चाहता है जितना अपनी पुत्री को। आज तक शायद कभी दो लड़कियों में उतना स्नेह नहीं रहा, जितना रोज़ालिंड और सीलिया में है।

**ओलिवर :** पुराने ड्यूक कहाँ रहेंगे?

**चार्ल्स :** कुछ तो कहते हैं कि वह अर्दन के जंगल में बस भी गया है। उसके साथ उसके बहुत-से मसखरे भी हैं। जैसे पहले इंगलैंड का रॉबिनहुड रहता था न? कहा जाता है—रोज उसके पास कई नौजवान इकट्ठे होते हैं और अपना समय ऐसे ही व्यतीत करते हैं जैसे कभी मनुष्य चिन्ताहीन स्वर्ण-युग में किया करते थे।

**ओलिवर :** क्या तुम कल नये ड्यूक के सामने कुश्ती लड़ोगे?

**चार्ल्स :** माता मेरी की सौगन्ध! श्रीमान्! मैं बिल्कुल तैयार हूँ। मैं तो आपको कुछ बताने आया था। मुझसे गुप्त रूप में ही कहा गया है कि आपका छोटा भाई ऑरलेंडो मुझे कुश्ती लड़ने की चुनौती देना चाहता है ताकि मुझे हरा सके। सच कहता हूँ, श्रीमान्! कल मैं अपनी प्रतिज्ञा रखने के लिए मल्लयुद्ध करूँगा और इसीलिए अपने सामने आने वाले की हड्डी-पसली चूर किए बिना नहीं छोड़ूँगा। आपका भाई छोटा है, नाजुक है और आपके प्रेम के बस में होकर मैं उसे हराना भी नहीं चाहता। लेकिन अगर वह सामने आ जाएगा तो अपनी इज़्ज़त रखने के लिए मुझे उसे हराना ही होगा। मुमकिन है वह चोट खा जाए। इसी दाक्षिण्य के कारण मैं सीधा आपके पास आया हूँ ताकि सारी परिस्थिति आपको समझा दूँ। कृपा करके आप उसके इरादे को बदल दें और समझा दें कि इसमें उसकी कोई मान-हानि नहीं है क्योंकि यह सब उसका ही काम है जो मेरी इच्छा के बिल्कुल विरुद्ध है।

**ओलिवर :** चार्ल्स! तुम्हारे स्नेह का यह उपहार मैं स्वीकार करता हूँ। और समय इसका फल भी दिखाएगा। मैं अपने भाई का इरादा समझाता हूँ और मैंने तो जहाँ तक बन सका, उसे इस रास्ते से हटाने की भी कोशिश की, तरकीबें भी कीं। लेकिन वह तो बड़ा पक्का है। चार्ल्स! वह फ्रांस का सबसे हठी युवक है। उसका हृदय बड़ा ही महत्त्वाकाँक्षी है और आदमी की उन्नति और गुणों को देखकर वह मन ही मन जलता है। क्या बताऊँ तुम्हें? वह तो छिपे-छिपे मेरे विरुद्ध भी षड्यन्त्र रचता रहता है। मैं तो खास भाई हूँ। उसके विषय में जैसे तुम ठीक समझो, वैसा करो। उसकी गर्दन तोड़ो या अँगुली, मेरी बला से। लेकिन एक बात याद रखो। अगर वह कड़ी चोट खाए बिना निकल गया और पराजित भी होने का अपमान पा गया तो समझ लेना वह छोड़ेगा नहीं। ज़हर देगा, किसी चालबाजी से तुम्हें घेरेगा, यहाँ तक कि किसी न किसी तरह से तुम्हारी जान

लिए बिना न छोड़ेगा। यह कहते हुए मेरा हृदय टूक-टूक होता है कि आज उसके बराबर का बदमाश और उसका-सा तन्दुरुस्त गुण्डा जीवित ही नहीं है, इसमें कोई शक नहीं कि वह मेरा भाई है, लेकिन अगर उसका वास्तविक रूप मैं तुम्हारे सामने प्रस्तुत करूँ, तो मुझे शर्म से रोना पड़ेगा और तुम आश्चर्य से चकित रह जाओगे।

**चार्ल्स :** तब तो यह बहुत ही अच्छा हुआ है कि मैं आपके पास सीधा आ गया। अगर कल ऑरलेंडो मुझसे कुश्ती लड़ने आता है तो मैं उसे अच्छी सजा दूँगा। अगर वह अखाड़े से ज़िन्दा निकल गया तो मैं फिर लड़ना ही छोड़ दूँगा। भगवान् आपका भला करें।

**ओलिवर :** विदा! भाई चार्ल्स, विदा!

**ओलिवर :** *(स्वगत)* अब मैं ऑरलेंडो के दुस्साहसी यौवन को उभारूँगा कि वह चार्ल्स से भिड़ जाए। कल वह मरेगा, मुझे पूरी आशा है। मैं नहीं जानता कि क्यों सबसे अधिक घृणा मुझे उसी से है, जबकि अशिक्षित होते हुए भी वह इतना सुसंस्कृत है। सभी उसे प्यार करते हैं। ताज्जुब होता है, उसमें एक सम्भ्रान्त व्यक्ति के सारे गुण हैं। यहाँ तक कि मेरे ही आदमी उसे इतना चाहते हैं कि मैं तो दिखाई भी नहीं देता! लेकिन चार्ल्स निश्चय ही उसे मार डालेगा और मेरे रास्ते की सारी बाधाएँ दूर हो जाएँगी। अब मैं चलता हूँ ताकि ऑरलेंडो को भड़का सकूँ और वह चार्ल्स से कुश्ती लड़ना स्वीकार कर ले।

## दृश्य 2

### [सीलिया और रोज़ालिंड का प्रवेश]

**सीलिया :** मानो बहिन, विनती करती हूँ, मेरी रोज़ालिंड! तुम प्रसन्न क्यों नहीं होतीं?

**रोज़ालिंड :** सीलिया, मेरी प्यारी! जितनी प्रसन्नता मुझमें है, मैं तो उससे

भी अधिक दिखाने का प्रयत्न करती हूँ। पर तुम कहती हो कि मैं और भी हर्षित होऊँ। अपने निर्वासित पिता को भूल जाऊँ। जब तक कोई ऐसी तरकीब नहीं बताओगी, कहो न तब तक कैसे मैं इतनी प्रसन्न हो सकती हूँ?

**सीलिया :** तो क्या तुम यही नहीं कहती हो कि मैं तुम्हें जितना प्यार करती हूँ, उतना तुम मुझे नहीं करतीं? यदि तुम्हारे पिता यानी मेरे ताऊ ने तुम्हारे चाचा यानी मेरे पिता ड्यूक को निर्वासित किया होता तो मैं तुम्हारे पिता को ही अपना पिता समझती। यदि मेरे प्रति तुम्हारा प्यार सच्चा है तो तुम्हें मेरे पिता को ही अपना पिता समझना चाहिए।

**रोज़ालिंड :** अच्छी बात है, मैं अपना दुःख भूल जाऊँगी और तुम्हारे आनन्द में ही अपना सुख समझूँगी।

**सीलिया :** तुम जानती हो कि मैं अपने पिता की इकलौती सन्तान हूँ और अब यह भी आशा नहीं कि उनके और सन्तान होगी। जब मेरे पिता नहीं रहेंगे, तब मेरे स्थान पर तुम ही उनकी उत्तराधिकारिणी बनना, क्योंकि इस प्रकार जो कुछ मेरे पिता ने तुम्हारे पिता से छीन लिया है, वह मेरे स्नेह के कारण तुम्हें वापस मिल जायेगा। मैं वचन देती हूँ...यदि मैं अपना वचन तोड़ दूँ तो राक्षसी हो जाऊँ इसीलिए मेरी प्रिय रोज़ालिंड, प्रसन्न हो जाओ।

**रोज़ालिंड :** प्रिय बहिन! मैं आइन्दा सदैव खुश रहने का वादा करती हूँ। और नये-नये आनन्द खोजा करूँगी। अच्छा बताओ तो! प्रेम के सम्बन्ध में तुम्हारे क्या विचार हैं?

**सीलिया :** मैं निश्चय ही यह मानती हूँ कि समय व्यतीत करने का यह सर्वश्रेष्ठ साधन है। किन्तु किसी पुरुष को सच्चे हृदय से प्यार न कर बैठना। यहाँ तक क्रीड़ा के मिस भी सीमा का उल्लंघन न कर जाना, ताकि एक अबोध लज्जा से ही तुम ससम्मान सदैव अपनी रक्षा कर सको।

**रोज़ालिंड :** तो फिर अब मन कैसे लगे?

**सीलिया :** आओ! यहाँ बैठकर हम सद्गृहिणी भाग्य की देवी[1] का उपहास करें और उसको उसके चक्र के पास से भगा दें, ताकि भविष्य में मनुष्यों को जब वह दान दे तब अधिक ईमानदारी और पक्षपातहीनता से काम कर सके।

**रोज़ालिंड :** आह! यदि हम इतना ही कर सकतीं! उनकी देन में तो बहुत बड़ा पक्षपात और अन्याय भरा है। और उस महादान करने वाली अंधी ने स्त्रियों के विषय में ही अधिक पक्षपात दिखाया है।

**सीलिया :** यह तो बिल्कुल सच है क्योंकि जिसे उसने सुन्दरता दी उसे गुण नहीं दिए, और जो गुणवती बनी वह सुन्दरी नहीं बनी।

**रोज़ालिंड :** नहीं! अब तो तुमने भाग्य और प्रकृति के कार्यों में गड़बड़ कर दी। भाग्य की देवी केवल उपहार देती है जबकि आकार-प्रकार देना प्रकृति का कार्य है।

## [टचस्टोन का प्रवेश]

**सीलिया :** नहीं! जब प्रकृति किसी प्राणी को सुन्दर बनाती है तब किस्मत ऐसी निकम्मी हो जाती है कि उसे आग में जलाकर कुरूप कर देती है। प्रकृति ने हमें भाग्य का उपहास करने के लिए बुद्धि दी है, परन्तु भाग्य ने विदूषक को भेजकर हमारी बातचीत को एकदम विराम नहीं लगा दिया?

**रोज़ालिंड :** निस्सन्देह भाग्य की देवी प्रकृति से अधिक सबल है। यहीं देखो न? उसने विदूषक भेजकर हमारे वाक्-चातुर्य को रोक लगा दी है।

**सीलिया :** सम्भवतः यह प्रकृति ही है, भाग्य की देवी नहीं, जिसने इसे हमारे पास भेजा है। यह देखकर कि हमारा जन्मजात ज्ञान अल्प है, प्रकृति ने विदूषक भेजा है, ताकि उसकी कसौटी पर हम अपनी बुद्धि को निखार लें। मनुष्य की बुद्धि वास्तव में विदूषक के उपहासों

---

1. भाग्य की देवी सद्गृहिणी मानी जाती थी, और वह एक चक्र निरन्तर घुमाती रहती थी। वह अंधी थी।

से ही तीव्र होती है। ऐ परम बुद्धिमान् मित्र! इधर कहाँ विचरण कर रहे हो?

**टचस्टोन** : देवी! तुम्हारे पिता तुम्हें बुलाते हैं।

**सीलिया** : क्या तुम्हें हरकारा बनाया गया है?

**टचस्टोन** : नहीं, कसम से कहता हूँ, लेकिन मुझे तुम्हें बुलाने को भेजा गया है।

**रोज़ालिंड** : यह कसम किसने सिखाई तुम्हें?

**टचस्टोन** : एक सामन्त ने, जिसने सौगन्ध खाते हुए कहा कि केक[1] तो अच्छा है किन्तु राई का साग अच्छा नहीं है, परन्तु बात थी उल्टी। मैं सच कहता हूँ, केक किसी काम का नहीं था और साग उत्तम था, किन्तु सामन्त की शपथ भी झूठी नहीं थी।

**सीलिया** : अपनी अगाध ज्ञान-राशि से इसे तुम कैसे प्रमाणित कर सकते हो?

**रोज़ालिंड** : अब अपने बुद्धि-कौशल का भार उतारना प्रारम्भ करो।

**टचस्टोन** : अच्छी बात है। दोनों खड़ी होकर अपनी ठुड्डी मलो और अपनी दाढ़ियों की कसम खाकर कहो कि मैं बदमाश हूँ।

**सीलिया** : दाढ़ियों की कसम, अगर वे हमारे होतीं, तो तुम ज़रूर बदमाश हो!

**टचस्टोन** : मेरी बदमाशी की सौगन्ध, यदि मेरे होती, तो ज़रूर बदमाश होता। किन्तु अगर तुम उसकी सौगन्ध खाती हो, जो है ही नहीं, तो झूठी तो तुम भी नहीं हो। सामन्त भी अपने सम्मान की शपथ खा रहा था, और उसका सम्मान ही नहीं था। और यदि होता भी तो वह केक और साग के पास पहुँचने के पहले ही कसमें खा-खाकर उसे समाप्त कर चुका होता।

**सीलिया** : सुनूँ, बताओ तो! तुम्हारा मतलब किससे है?

**टचस्टोन** : मैं तो तुम्हारे पिता के प्रिय पात्र की बात कर रहा हूँ।

---

1. खाने का सामान

**सीलिया** : मेरे पिता उसका समर्थन करते हैं, यह तो उसके सम्मान की बड़ी साक्षी है। उसकी अधिक बात मत करो। कहीं दूसरे के दोष निकालने में तुम्हें संकट में न पड़ना पड़े।

**टचस्टोन** : हाय! क्या ये दुःख का विषय है कि विदूषकों को बुद्धिमानों की मूर्खता पर, बुद्धिमानी की बातें भी नहीं करने दी जातीं।

**सीलिया** : वास्तव में जो तुम कहते हो वह सत्य ही है। विदूषकों को यों दबाया जाता है कि वे अपने थोड़े-से ज्ञान से बुद्धिमान् व्यक्तियों की मूर्खताओं का ढिंढोरा न पीटें। लो! श्रीमान् लेब्यू आ रहे हैं।

**रोज़ालिंड** : उनका मुँह समाचारों से ठुंसा पड़ा है।

**सीलिया** : अब वे उन सबको हमें ऐसे खिलाएँगे जैसे कबूतरी अपने बच्चे को।

**रोज़ालिंड** : तब तो हम समाचारों के बोझ से दब जाएँगे।

**सीलिया** : यह तो और भी अच्छा है। इससे हमारी कीमत ही बढ़ेगी।

[लेब्यू का प्रवेश]

नमस्कार श्रीमान् लेब्यू! क्या समाचार हैं?

**लेब्यू** : सुन्दर राजकुमारी! तुमने एक बड़ा अच्छा खेल नहीं देखा!

**सीलिया** : कैसा खेल!

**लेब्यू** : कैसे कहूँ कि कैसा था वह खेल!

**रोज़ालिंड** : जैसी भी सूझ हो, जैसे भी विचार तुम्हें घेर लें, वैसे ही बता दो।

**टचस्टोन** : या जो भाग्य कहलवाता है वही कह दो।

**सीलिया** : शाबाश! कितनी चापलूसी और कितने भद्दे ढंग से तुमने यह बात कही है।

**टचस्टोन** : तो क्या मैं अपने पद की रक्षा न करता?

**रोज़ालिंड** : तो तुम्हारा पुराना आचरण ही लुप्त हो जाता।

**लेब्यू** : देवियो! आपकी बातचीत तो मुझे चकित किए दे रही है। मैं तो

एक सुन्दर मल्लयुद्ध की बात आपको सुनाना चाहता था, जिसे देखने से आप चूक गईं।

**रोज़ालिंड** : तो अब बताइए न!

**लेब्यू** : मैं आपको प्रारम्भ सुना दूँ। और देवियो! यदि आप चाहें तो अन्त भी सुना दूँगा क्योंकि बाकी तो जो सबसे श्रेष्ठ है, वह यहीं, इसी जगह, जहाँ आप खड़ी हैं, घटेगा।

**सीलिया** : तो हम पहले प्रारम्भ को ही सुन लें जोकि हो चुका है।

**लेब्यू** : एक बुड्ढा और उसके तीन पुत्र...

**सीलिया** : ऐसे ही एक पुरानी कहानी और शुरू होती है...

**लेब्यू** : तीनों युवक अत्यन्त स्वस्थ, सुन्दर और आकर्षक...

**रोज़ालिंड** : उनके गलों में विज्ञापन लटक रहे थे ताकि सब उनसे परिचित हो जाएँ...

**लेब्यू** : सबसे बड़े लड़के ने दरबारी पहलवान चार्ल्स से कुश्ती लड़ी और पलक झपकते उसे उठा के ऐसा नीचे पटका गया कि उसकी तीन पसलियाँ टूट गईं। वह तो शायद ही बचे। यही हाल दूसरे और तीसरे लड़के का भी हुआ। वह वहीं पड़े हैं। उनका बुड्ढा बाप बेचारा ऐसा करुण विलाप कर रहा है कि सुनने वालों की आँखें भर-भर आती हैं।

**रोज़ालिंड** : हाय!

**टचस्टोन** : लेकिन भला इसमें ऐसा कौन-सा मज़ाक था जिसे देखने से महिलाएँ वंचित रह गईं।

**लेब्यू** : वही जिसके बारे में मैंने अभी कहा है।

**टचस्टोन** : इसी तरह से तो हमारा अनुभव दिन-प्रतिदिन बढ़ता है। जीवन में मुझे पहली बार ही यह मालूम हुआ कि मनुष्य की हड्डियाँ तोड़ना भी सुकुमारियों के लिए मज़ाक की बात हो सकती है।

**सीलिया** : न मैं ही पहले यह जानती थी।

**रोज़ालिंड** : लेकिन क्या ऐसा कोई दूसरा भी अभागा है जो अपनी हड्डियाँ

तुड़वाने के लिए उत्सुक हो रहा है? क्यों बहिन, हम यह कुश्ती देखें न?

**लेब्यू :** अवश्य! अगर तुम ठहरो तो अवश्य देखो। यही स्थान कुश्ती के लिए निश्चित हुआ और वे आने ही वाले हैं।

**सीलिया :** लो, निश्चय ही वे आ रहे हैं। मेरा खयाल है कि हम यहीं खड़ी रहकर कुश्ती देखें।

[फ्रैडरिक, सरदार, ऑरलेंडो, चार्ल्स और दूसरे सभासदों का प्रवेश]

**फ्रैडरिक :** आओ, आओ, अगर यह नवयुवक ऑरलेंडो अपने इरादे से नहीं हटता है, तो इसे अपने उतावलेपन का मजा भी चख लेने दो।

**रोज़ालिंड :** क्या यह वही आदमी है जिसने चार्ल्स को चुनौती दी है?

**लेब्यू :** हाँ राजकुमारी, यह वही है।

**सीलिया :** हाय! कितना सुकुमार है, पर मुझे तो इसे देखने से ऐसा लगता है कि यही जीतेगा।

**फ्रैडरिक :** अच्छा! मेरी बेटी और मेरी भतीजी भी! क्या तुम छिपकर यहाँ कुश्ती देखने आई हो?

**रोज़ालिंड :** जी हाँ, अगर आप मेहरबानी करके हमें यह देख लेने दें तो।

**फ्रैडरिक :** जी हाँ, पर मैं इतना अवश्य कहता हूँ कि तुम्हें इसमें कोई विशेष आनन्द नहीं आएगा। चार्ल्स ऑरलेंडो से कहीं ज़्यादा ताकतवर है। मैंने तरस खाकर इस भोले नवयुवक को इस दुस्साह-भरे इरादे से बहुत हटाना चाहा पर वह मानता ही नहीं। मेरी बच्चियो! ज़रा तुम भी उससे कहकर देखो, अगर वह यह हठ छोड़ दे तो।

**सीलिया :** भद्र लेब्यू! कृपया उसे यहाँ बुलाइए तो।

**फ्रैडरिक :** हाँ-हाँ, कोशिश करो। मैं अभी कुछ समय के लिए यहाँ से चला जाता हूँ।

**लेब्यू :** चुनौती देने वाले महानुभाव; राजकुमारियाँ आपको याद कर रही हैं।

**ऑरलेंडो :** मैं अभी सादर उनकी सेवा में उपस्थित होता हूँ।

**रोज़ालिंड :** ऐ नवयुवक! क्या तुमने चार्ल्स को कुश्ती लड़ने की चुनौती दी है?

**ऑरलेंडो :** नहीं सुन्दर राजकुमारी, उसी ने सबको चुनौती दे रखी है। दूसरों की तरह मैं भी सिर्फ ताकत आजमाने के लिए अखाड़े में आया हूँ।

**सीलिया :** ऐ नवयुवक! जैसी तुम्हारी मासूम उम्र मालूम होती है उससे तुम्हारा साहस कहीं अधिक है। मैं इसकी सराहना करती हूँ, पर क्या तुमने अभी नहीं देखा कि इस आदमी ने किस निर्दयता के साथ अपने बल का प्रदर्शन किया है? अगर तुम्हारा अपने बल के बारे में वही अनुमान होता, जो दूसरों का है, या तुम थोड़ी दूरदर्शिता से ही काम लेते तो तुम अवश्य यह जान जाते कि तुम दोनों के बल में कोई बराबरी ही नहीं है। मैं तो तुमसे यही कहूँगी कि अपनी बराबरी का जोड़ ढूँढ़ो और इसीलिए हम तुम्हारी भलाई के लिए ही तुमसे यह प्रार्थना करती हैं कि तुम यह मौका पाकर इस कुश्ती से पीछे हट जाओ।

**रोज़ालिंड :** ऐ नवयुवक, मेहरबानी करके ऐसा ही करो। इससे तुम्हारे सम्मान पर कोई धब्बा नहीं आएगा। हम ड्यूक से प्रार्थना करेंगी कि वे इस कुश्ती को न होने दें।

**ऑरलेंडो :** मुझे अफसोस है कि मैं आप-जैसी सुन्दर और प्रिय महिलाओं की बात को स्वीकार नहीं कर सकता। पर आपसे मेरी यह प्रार्थना है कि इस अपराध के बदले में आप मेरे लिए अपने मस्तिष्क में कठोर विचार न लाएँ। आपकी सुन्दर कृपा-दृष्टि और सद्भावना इस संघर्ष में सदैव मेरे साथ रहेंगी। अगर में हार गया तो मेरी बदनामी होगी, पर इससे क्या, मुझे तो कोई पहले भी इतना नहीं चाहता और अगर मैं मारा गया तो ठीक ही है। मैं ऐसा चाहता ही हूँ। इससे मेरे दोस्तों को कोई दुःख नहीं होगा, क्योंकि इस धरती पर मेरा कोई ऐसा सहृदय साथी नहीं है जो मेरी मौत पर आँसू

बहाए। इस दुनिया में मेरा कोई नहीं है जिसे मेरे लिए दुःख होगा। जब मैं चल बसूँगा तो मेरे स्थान की पूर्ति मुझसे कोई अच्छा आदमी ही करेगा।

**रोज़ालिंड :** काश! जो कुछ थोड़ी-बहुत मुझमें ताकत है वह भी तुम्हारे साथ जुड़ जाए।

**सीलिया :** और मेरी भी।

**रोज़ालिंड :** अच्छा तो अब चलें, भगवान् करे तुम्हारी ताकत के बारे में हमारा जो अनुमान है वह गलत साबित हो।

**सीलिया :** मेरी भी भगवान् से यही प्रार्थना है कि वह तुम्हारी कामना पूरी करें।

**चार्ल्स :** कहाँ है वह नौजवान, जो मरने के लिए इतना उतावला हो रहा है?

**ऑरलेंडो :** आइए, मैं तैयार बैठा हूँ जनाब, अपनी महत्त्वाकाँक्षा में मेरा यह हल्का-सा प्रयास है।

**फ्रैडरिक :** तुम्हें सिर्फ एक बार ही कुश्ती लड़ने का मौका दिया जाएगा।

**चार्ल्स :** नहीं श्रीमान्! मैं आपको विश्वास दिलाता हूँ कि दूसरी बार कुश्ती से उसे रोकने का मौका ही नहीं आएगा। आपने तो पहली बार उसे रोकने की बेकार कोशिश की।

**ऑरलेंडो :** आप कुश्ती खत्म होने के बाद मेरा मज़ाक उड़ा सकते हैं, पर उससे पहले आपको ऐसा नहीं करना चाहिए। अच्छा, तो अब दो-दो हाथ हो जाएँ। आइए!

**रोज़ालिंड :** ऐ नवयुवक! देव हरक्यूलीस तुम्हारी ताकत बढ़ाए।

**सीलिया :** काश! मैं किसी दूसरे को दिखाई न देती हुई इस भारी पहलवान की टाँग पकड़ लेती।

[कुश्ती शुरू होती है]

**रोज़ालिंड :** *(ऑरलेंडो को देखती हुई)* ओह, कैसा सुन्दर नवयुवक है!

**सीलिया :** काश! मेरी आँखों से फटकर बिजली निकल पड़ती तो जानती

हो वह किस पर गिरती?

**[भीषण कोलाहल। चार्ल्स धराशायी होता है]**

**फ्रैडरिक :** बस-बस, अब और अधिक नहीं।

**ऑरलेंडो :** ज़रा और, मैं आपसे प्रार्थना करता हूँ। मेरी साँस अभी तक पूरी तरह से फूली नहीं है।

**फ्रैडरिक :** तुम क्या चाहते हो, चार्ल्स?

**लेब्यू :** उसका तो बोल बन्द हो गया, मेरे स्वामी!

**फ्रैडरिक :** ले जाओ उसे यहाँ से। नवयुवक! क्या नाम है तुम्हारा?

**ऑरलेंडो :** ऑरलेंडो, मेरे स्वामी! मैं सर रोलेंड दे बोयस का छोटा लड़का हूँ।

**फ्रैडरिक :** काश! तुम किसी दूसरे पिता के पुत्र होते। यद्यपि तुम्हारे पिता को सारी जनता अत्यन्त आदर की दृष्टि से देखती थी, पर मैं उसे अपना शत्रु ही समझता था। वीर नवयुवक! तुम्हारी इस जीत से मुझे कितनी अधिक खुशी होती, अगर तुम किसी दूसरे परिवार के व्यक्ति होते। अच्छा, अब विदा। तुम एक वीर नवयुवक हो। काश! तुम किसी अन्य बाप की सन्तान होते।

**[ड्यूक फ्रैडरिक तथा उसके कर्मचारियों का प्रस्थान]**

**सीलिया :** ओ बहिन, अगर मैं अपने पिता के स्थान पर होती तो क्या इस वीर नवयुवक के साथ ऐसा ही व्यवहार करती?

**ऑरलेंडो :** मुझे इस बात पर और भी अधिक गर्व है कि मैं सर रोलेंड का छोटा लड़का हूँ। अगर एक बार ड्यूक फ्रैडरिक मुझे अपना उत्तराधिकारी भी बनाना चाहें तो भी मैं इस अधिकार को नहीं छोड़ूँगा।

**रोज़ालिंड :** मेरे पिता को सर रोलेंड अपने प्राणों की तरह प्यारे थे और अन्य सभी व्यक्तियों को भी वे ऐसे ही प्यारे थे। काश! अगर मुझे यह पहले पता चल जाता कि वीर नवयुवक उन्हीं का पुत्र है तो अपनी आँखों से आँसू बहाकर उससे प्रार्थना करती और इस तरह उसे अपने जीवन का दाँव न लगाने देती।

**सीलिया :** मेरी अच्छी बहिन! चलो, चलकर उसे धन्यवाद तो दें और उसके उत्साह को भी बढ़ाएँ। मेरे पिता का कठोर और ईर्ष्यापूर्ण व्यवहार उसके हृदय को काट रहा होगा। *(ऑरलेंडो को सम्बोधित करती हुई)* वीर युवक! तुमने जो विजय पाई है, उसके तुम निश्चित ही अधिकारी हो। जिस तरह तुमने आशाओं के परे यह विजय पाई है, यदि उसी तरह तुमने अपना प्रेम-वचन निभाया, तो तुम्हारी प्रेयसी निश्चित ही अत्यन्त प्रसन्न होगी।

**रोज़ालिंड :** महाशय! *(अपना कण्ठहार देती हुई)* मुझ भाग्यहीना के लिए ही इसे लेकर पहनो। मैं कितना अधिक तुम्हें दे सकती थी पर क्या करूँ, इस समय गरीब होने के कारण मजबूर हूँ। चलो बहिन, अब चलें।

**सीलिया :** हे सुन्दर नवयुवक! विदा।

**ऑरलेंडो :** ओह, ऐसा लगता है कि आपको धन्यवाद देने के लिए मुझे शब्द नहीं मिल रहे हैं। मेरी सद्बुद्धि मानो पूरी तरह खो-सी गई है और मैं एक मूर्ति-सा बना हुआ निर्जीव प्राणी की भाँति आपके सामने खड़ा हूँ।

**रोज़ालिंड :** वह हमें वापस बुला रहा है। क्या करूँ, जबसे दुर्भाग्य की कुटिल दृष्टि मेरे ऊपर हुई है तभी से मेरा सारा गौरव धूल में मिल गया। फिर भी चलो, पूछती हूँ कि वह नवयुवक क्या चाहता है। *(ऑरलेंडो को सम्बोधित करती हुई)* क्या श्रीमान्, कुछ कहना चाहते हैं? आपकी आज कैसी अच्छी विजय है कि अपने प्रतिद्वन्द्वी को जीतने के साथ-साथ दूसरों को भी आपने जीत लिया है।

**सीलिया :** चलो बहिन!

**रोज़ालिंड :** हाँ चलो। अच्छा, अलविदा।

[रोज़ालिंड और सीलिया का प्रस्थान]

**ऑरलेंडो :** कौन-सी वह प्रबल भावना थी जिस ने मेरी जीभ से शब्दों को ही निकलने दिया। उसने कितना चाहा कि मैं कुछ बोलूँ, पर मैं नहीं बोल सका। अफ़सोस! ऐ अभागे ऑरलेंडो! तू विजेता नहीं

है। ऐसा लगता है कि या तो चार्ल्स ने या उससे भी कमज़ोर किसी वस्तु ने तेरी शक्ति पर काबू पा लिया है।

[लेब्यू का पुनरागमन]

**लेब्यू :** महाशय! मैं दोस्ती के नाते तुम्हें सलाह देता हूँ कि तुम फौरन इस जगह से चले जाओ। निस्सन्देह, तुमने अपने काम से खूब नाम पाया है और सभी तुम्हारी प्रशंसा कर रहे हैं, पर ड्यूक के हृदय में तुम्हारे इस सब काम के बारे में एक गलत धारणा बन गई है। ड्यूक चिड़चिड़े स्वभाव का है ही, और फिर वह क्या है, और क्या करेगा, यह तुम मुझसे ज़्यादा अच्छी तरह सोच-समझ सकते ही हो।

**ऑरलेंडो :** इस चेतावनी के लिए मैं विशेष आभारी हूँ, पर क्या आप मुझे इतना बताएँगे कि दोनों राजकुमारियाँ, जो यहाँ उपस्थित थीं, उनमें कौन-सी ड्यूक की पुत्री है।

**लेब्यू :** चरित्र और स्वभाव से कोई भी उसकी लड़की नहीं कही जा सकती। लेकिन फिर भी छोटी राजकुमारी ही ड्यूक की पुत्री है। दूसरी निर्वासित ड्यूक की पुत्री है। जब इसके चाचा ने अपने भाई का राज्य हड़पा था, तभी इसको अपनी पुत्री सीलिया के लिए सहेली की तरह रख लिया था। वे दोनों एक-दूसरे को बहिनों से भी अधिक प्यार करती हैं, लेकिन मैं तुमसे यह भी कह देता हूँ कि अभी कुछ दिनों से ड्यूक भतीजी से नाराज़ है। कारण भी कोई विशेष नहीं है, केवल इतना ही है कि लोग उसके सद्गुणों के लिए उसकी प्रशंसा करते हैं और उसके अच्छे निर्वासित पिता के कारण सहानुभूति रखते हैं। मैं निश्चित कहता हूँ कि बेचारी रोज़ालिंड के विरुद्ध उसकी यह कुत्सित भावनाएँ शीघ्र ही सबके सामने आ जाएँगी।

अच्छा महाशय, अब मैं चलता हूँ। आशा है किन्हीं परिस्थितियों में फिर मिलेंगे और एक-दूसरे को और भी अच्छी तरह समझ सकेंगे।

**ऑरलेंडो :** मैं हमेशा आपका अहसानमन्द रहूँगा। अच्छा अलविदा!

[लेब्यू का प्रस्थान]

ओह! मेरी ठीक वही हालत है जैसे कोई जलती कड़ाही से निकलकर चूल्हे में गिरे। इस निर्दय ड्यूक के यहाँ से और कहाँ जाऊँगा, फिर उसी अत्याचारी भाई के पास जाना होगा। लेकिन आह! कैसा अलौकिक माधुर्य था रोज़ालिंड में!

दृश्य 3

[महल का प्रकोष्ठ]
[सीलिया और रोज़ालिंड का प्रवेश]

**सीलिया :** क्यों बहिन! मेरी प्यारी रोज़ालिंड! यह तुम्हें क्या हो गया है? भगवान् कामदेव तुम पर कृपा करें। तुम एक भी शब्द बोलती क्यों नहीं?

**रोज़ालिंड :** मेरे शब्द व्यर्थ गँवाने के लिए नहीं हैं।

**सीलिया :** नहीं मेरी प्यारी! तुम्हारे शब्द इतने कीमती हैं कि वे व्यर्थ नहीं जा सकते। तुम मुझसे कुछ कहो न? देखो, आओ अपने तर्कपूर्ण शब्दों से मुझे आहत कर दो।

**रोज़ालिंड :** तब तो हम दोनों ही निस्साहस-सी हो जाएँगी। तुम्हारी तो किन्हीं कारणों से यह अवस्था होगी, पर मैं तो बिना किसी कारण ही पागल हूँ।

**सीलिया :** पर क्या तुम अपने पिता के बारे में सोचकर इतनी उदास हो गई हो बहिन?

**रोज़ालिंड :** नहीं, कुछ उस नवयुवक के लिए भी। ओह! हमारा यह दैनिक जीवन भी कितने काँटों से भरा हुआ है!

**सीलिया :** काँटे नहीं, ये तो कोमल फूल हैं मेरी प्यारी बहिन! जो अवकाश के क्षणों में क्रीड़ा करने के लिए तुम्हें दिए गए हैं। सोचो, तो यदि हम स्त्रियाँ लौकिक व्यवहार पर न चलें, तो समझ लो हमारे वस्त्र

इन काँटों से बुरी तरह भिद जाएँ।

**रोज़ालिंड** : लेकिन ये यदि मेरे वस्त्रों तक ही होते तो मैं इन्हें निकाल बाहर कर देती, पर अब क्या करूँ? ये शूल तो मेरे हृदय में बैठ गए हैं।

**सीलिया** : उन्हें खाँसकर निकाल डालो।

**रोज़ालिंड** : मैं यह भी करती, यदि मेरे खाँसने से वे निकल जाते और काश, वह मुझे मिल जाता।

**सीलिया** : तुम भी भावावेश में पूरी तरह से खो-सी रही हो, संभलो बहिन, अपनी इस कमज़ोरी पर काबू पाओ।

**रोज़ालिंड** : मैं इन पर क्या काबू पाऊँ! इन पर तो उस नवयुवक पहलवान ने काबू पा लिया है।

**सीलिया** : ओह, मैं तुम्हारे सौभाग्य के लिए कामना करती हूँ। प्रयत्न करो बहिन! क्या हुआ, एक-दो बार असफल भी रहीं, तो भी अन्त में अवश्य सफलता प्राप्त करोगी। लेकिन अब यह मज़ाक छोड़ो और संजीदा होकर बात करो। क्या सच तुम एकाएक सर रोलैंड के कनिष्ठ पुत्र से इतना अगाध प्रेम करने लग गई हो।

**रोज़ालिंड** : मेरे पिता उसके पिता से बहुत प्यार करते थे।

**सीलिया** : तो क्या इसीलिए तुम उसके पुत्र ऑरलेंडो से इतना प्यार करने लगी हो? अगर ऐसी ही बात है तो फिर मुझे तो उससे घृणा करनी चाहिए क्योंकि मेरे पिता उसके पिता से उतनी ही बुरी तरह घृणा करते हैं, पर फिर भी मैं ऑरलेंडो से घृणा नहीं करती।

**रोज़ालिंड** : नहीं, मेरे लिए ही सही, पर उससे कभी घृणा मत करना।

**सीलिया** : क्यों नहीं? क्या वह घृणा के योग्य नहीं?

**रोज़ालिंड** : कुछ भी हो प्यारी सीलिया, मुझे उससे प्यार करने दो और इसीलिए तुम भी उसे प्यार करो। लो देखो, वे ड्यूक आ रहे हैं।

**सीलिया** : अरे, उनकी आँखें तो क्रोध से भरी हुई हैं!

**[ड्यूक फ्रैडरिक का सरदारों के साथ प्रवेश]**

**फ्रैडरिक :** अच्छा भद्रे! बस जितनी जल्दी हो सके, उतनी ही जल्दी तुम हमारे यहाँ से चली जाओ।

**रोज़ालिंड :** मुझसे कह रहे हैं चाचाजी, आप यह सब-कुछ?

**फ्रैडरिक :** हाँ, तुमसे ही रोज़ालिंड, समझ लो अगर आज से दस दिन के बाद तुम हमारे यहाँ से बीस मील के अन्दर कहीं पर भी मिलीं तो जानती हो, उसके लिए तुम्हें मृत्यु-दण्ड दिया जायेगा।

**रोज़ालिंड :** पर, क्या मैं आपसे प्रार्थना करूँ कि जाने से पहले मेरा अपराध तो आप बता दीजिए? चाचाजी, अगर मैं अपने-आप को भूली नहीं हूँ, और किसी स्वप्नावस्था में अपने-आपको पूरी तरह खो नहीं बैठी हूँ, तो सच, मैं अपनी स्वाभाविक स्थिति में रहकर ही आपसे कहती हूँ कि मैंने तो कभी आपका बुरा सोचने की कल्पना तक नहीं की।

**फ्रैडरिक :** सभी गद्दार ऐसा ही कहा करते हैं। अगर उन्हें निर्दोष सिद्ध करने के लिए शब्द ही पर्याप्त हो, तो मैं कहता हूँ कि फिर तो वे ऐसे पवित्र हैं मानो दोष उन्हें छू तक नहीं गया। खैर छोड़ो, इस सबके लिए इतना ही पर्याप्त है कि मैं तुम पर विश्वास नहीं करता।

**रोज़ालिंड :** फिर भी आपका मेरे प्रति अविश्वास मुझे गद्दार कैसे साबित कर सकता है! आप मुझे वह कारण बताइए जिससे आपकी मेरे प्रति ऐसी धारणा बन गई है।

**फ्रैडरिक :** क्या इतना पर्याप्त नहीं कि तुम अपने पिता की पुत्री हो?

**रोज़ालिंड :** लेकिन उनकी पुत्री तो उस समय भी थी जब आपने उनका राज्यापहरण किया था और उस समय भी थी जब आपने उन्हें निर्वासित किया था। विश्वासघात परम्परागत नहीं होता मेरे स्वामी! और मान लो अपने सम्बन्धियों से एक संस्कार के रूप में हम इसे पाते हैं, तो भी मैं कैसे दोषी हूँ? मेरे पिता तो कभी गद्दार नहीं थे। इसलिए मेरे स्वामी! मुझे गद्दार कहकर मेरे साथ अन्याय न कीजिए। पहले ही मैं निस्सहाय गरीब दुखिया हूँ।

**सीलिया :** श्रीमान्, मुझे कुछ बोलने की आज्ञा देंगे?

**फ्रैडरिक :** सीलिया! हमने तुम्हारे लिए ही उसे ठहराया था, नहीं तो यह भी अपने पिता के साथ वन-वन भटकती फिरती।

**सीलिया :** लेकिन मैंने तो तब इसके लिए आपसे प्रार्थना नहीं की थी। आपने ही अपनी खुशी से और न जाने किस पश्चात्तापस्वरूप इसे यहाँ रखा। मैं तो उस समय इतनी छोटी थी कि इसका महत्त्व समझती ही क्या थी; लेकन अब मैं रोज़ालिंड को पूरी तरह समझ गई हूँ। पिताजी, अगर यह गद्दार है तो फिर मैं क्यों नहीं? हम दोनों तो एक साथ ही सोती और उठती हैं; और पढ़ती और खेलती भी हैं तो एक ही साथ। जहाँ कहीं भी गई हैं वहाँ 'जूनो' के हंसों की जोड़ी की तरह साथ-साथ ही गई हैं। पिताजी, हम तो दोनों ऐसी मिल-जुल कर रहती हैं मानो एक-दूसरे से अभिन्न हों।

**फ्रैडरिक :** वह तुमसे कहीं ज़्यादा चालाक है और वह अपने इस बनावटी सौजन्य, शान्ति और सन्तोष के कारण लोगों से प्रेम और सहानुभूति प्राप्त करती है। तू बेवकूफ है सीलिया! जो इतना भी नहीं समझती कि उसके कारण तेरा कोई नाम भी नहीं जानता! जब वह यहाँ से चली जाएगी, तब लोगों की निगाह में तू अधिक सुन्दरी और गुणवती होगी। इसलिए अब इस बीच में कुछ मत बोल। मैंने जो भी आज्ञा दी है वह अटल है। मैं उसको निर्वासित करता हूँ।

**सीलिया :** तब पिताजी, वही दण्ड मुझे भी दीजिए। मैं इसके बिना जीवित नहीं रह सकती।

**फ्रैडरिक :** तुम्हारी तो सारी अक्ल मारी गई है। अच्छा रोज़ालिंड, तुम जाने की तैयारी करो। अगर तुम दस दिन से ज़्यादा यहाँ रहीं तो समझ लो, जैसा मैंने कहा है उसके अनुसार तुम्हें मृत्यु-दण्ड मिलेगा।

**[ड्यूक फ्रैडरिक का प्रस्थान। सरदार भी जाते हैं]**

**सीलिया :** ओ रोज़ालिंड! मेरी असहाय बहिन! कहाँ जाओगी तुम? आओ, हम एक-दूसरी का स्थान बदल लें। मैं अपने पिता की पुत्री का स्थान तुम्हें देती हूँ। दुखी मत हो बहिन, मैं तुमसे विनय करती

हूँ। तुमसे अधिक दुःखी तो मैं हूँ।

**रोज़ालिंड :** मेरे दुःखी होने का तुमसे अधिक कारण है सीलिया!

**सीलिया :** नहीं बहिन, कोई कारण नहीं है। ज़रा हँसो और प्रसन्न होओ। क्या तुम नहीं जानतीं कि मेरे पिता ड्यूक ने मुझे भी निर्वासित कर दिया है।

**रोज़ालिंड :** नहीं, ऐसा नहीं है।

**सीलिया :** नहीं? क्या ऐसा नहीं है? तब मेरी बहिन रोज़ालिंड! क्या तुम्हारा मुझसे वह अभिन्न प्रेम नहीं है, जिससे तुम यह अनुभव कर सको कि तुम और मैं एक ही हैं? क्या हम कभी अलग हो सकती हैं? मेरी प्यारी बहिन, क्या कभी यह सम्भव है? कभी नहीं। तब मेरे पिता अपना कोई और उत्तराधिकारी ढूँढ़ लेंगे। आओ, हम यहाँ से भाग निकलने की योजना बनाएँ कि कहाँ चलेंगी और क्या अपने साथ ले चलेंगी। भाग्य के विपरीत होने से जो भी दुःख और चिन्ताएँ तुम्हारे जीवन को घेरे हुए हैं, उनमें मुझे भी हाथ बँटाने दो। मैं इस आकाश की, जो हमारे दुःख से स्वयं पीला पड़ गया है, सौगन्ध खाकर कहती हूँ कि चाहे तुम कुछ भी कहो, मैं तुम्हारे साथ अवश्य चलूँगी।

**रोज़ालिंड :** तो फिर हम किधर चलें?

**सीलिया :** चलो, 'अर्दन वन' चलकर ताऊजी को ढूँढ़ें।

**रोज़ालिंड :** हाय! हम तो लड़कियाँ हैं। इतनी दूर जाना हमारे लिए खतरे की बात होगी। जानती हो स्त्री के सौन्दर्य के लिए चोर स्वर्ण से भी अधिक लालायित रहते हैं!

**सीलिया :** तो उसके लिए मैं स्वयं फटे-पुराने कपड़े पहन लूँगी और अपने मुँह पर हल्का-सा काला रंग पोत लूँगी। ऐसा ही तुम करना। तब हम बिना किसी खतरे के निकल चलेंगी।

**रोज़ालिंड :** इससे क्या यह अच्छा नहीं रहेगा कि मैं पुरुष का वेश बना लूँ क्योंकि मैं साधारण स्त्रियों से तो अधिक लम्बी हूँ। एक लम्बी तलवार तो मैं अपनी कमर में लटका लूँगी और एक हाथ में बर्छी

ले लूँगी। इस तरह चाहे मेरे हृदय में स्त्रियोचित भीरुता हो, पर बाहर से तो मैं एक वीर सेनानी के रूप में ही दिखूँगी। पुरुषों में भी तो ऐसे बहुत-से कायर होते हैं, जो इस तरह बाहरी दिखावे से अपनी कायरता छिपाए रहते हैं।

**सीलिया :** लेकिन जब तुम ऐसा वेश बना लोगी तो मैं तुम्हें क्या कहकर पुकारूँगी।

**रोज़ालिंड :** मैं अपना इतना सुन्दर नाम रखूँगी जैसा स्वयं जोर के प्रतीहार का है। इसलिए तुम मुझे गैनीमीड कहकर पुकारना। पर तुम अपना तो बताओ कि तुम्हारा क्या नाम ठीक होगा?

**सीलिया :** कोई ऐसा ही नाम, जो मेरी परिस्थिति का भास करा सके। सीलिया के स्थान पर मेरा नाम ऐलीना होगा।

**रोज़ालिंड :** लेकिन बहिन! क्या खयाल है, अगर हम तुम्हारे पिता के दरबारी विदूषक टचस्टोन को भी अपने साथ ले चलें, तो क्या हमारी यात्रा आराम से नहीं कट जाएगी?

**सीलिया :** वह तो मेरे साथ दुनिया में कहीं भी जा सकता है। अच्छा, उसे तैयार करना मेरे ऊपर छोड़ दो। आओ, चलकर अपने रुपये और जवाहरात इकट्ठे कर लें। इसके अलावा यहाँ से भागने का ठीक समय और कोई सबसे सुरक्षित रास्ता तय कर लें, जिससे अगर हमारा पीछा भी हो, जोकि अवश्य होगा, तो हम छिपकर निकल सकें। अब हम कितनी सन्तुष्ट हैं! सच, हम निर्वासिता नहीं हैं, वरन् हम तो स्वतन्त्रता की खोज में जा रही हैं।

[प्रस्थान]

# दूसरा अंक

## दृश्य 1

**[ज्येष्ठ ड्यूक, अमींस तथा दो-तीन सरदारों का प्रवेश]**
**[सभी वनवासियों की तरह]**

**ज्येष्ठ ड्यूक :** मेरे निर्वास-काल के साथियो और भाइयो! क्या तुम यह अनुभव नहीं करते कि हमारा यह जीवन अभ्यास के कारण उस दिखावे, बनावट और कृत्रिमता के जीवन की अपेक्षा कितना अधिक सुखमय और मधुर हो गया है? क्या इन वनों को वह ईर्ष्या और विश्वासघात से भरा दरबारी जीवन छू तक गया है? यहाँ तो सिर्फ प्रकृति ही हमें दण्ड दे सकती है, जैसे ऋतुओं का परिवर्तन, जाड़े की वह ठण्डी और बर्फीली हवा जो जब चलने लगती है तो मेरे शरीर को छूकर गलाती और काटती-सी मालूम होती है। पर फिर भी मैं मुस्कुराता हुआ कहता हूँ कि ये सर्द वायु के झोंके तो मेरे सलाहकार मित्रों की तरह आते हैं जो मुझे सही रूप में भान कराते हैं कि मैं कौन हूँ। यह कोई झूठी बड़ाई की बात नहीं है। निरन्तर दुःख और आपत्तियों के जीवन में भी क्या अपूर्व माधुर्य और आनन्द है! जैसे कि ज़हरीले और कुरूप मणि-सर्प के सिर में कैसी अमूल्य मणि होती है! यह हमारा वन का जीवन उस दुनियादारी के द्वेष और विद्वेष भरे हुए जीवन से कितना दूर है! इसमें ऐसा माधुर्य है कि लगता है कि इन पेड़ों के पास हमसे बातें करने की वाणी

है और इन झरनों को बहता देखने में ऐसा आनन्द आता है मानो हम स्वयं कोई पुस्तक पढ़ रहे हों। उन निर्जीव पत्थरों तक में मुझे ऐसा लगता है मानो ये हमें कोई उपदेश दे रहे हों। सच, मुझे तो चारों तरफ से प्रत्येक वस्तु में अच्छा ही अच्छा मालूम होता है। कैसा प्रिय और सुन्दर जीवन है, मैं इसे नहीं बदलूँगा।

**अमींस :** आप में भी कैसा सराहनीय गुण है कि आपने तो अपने दुर्भाग्य की कठोरता को शान्ति और माधुर्य-भरे सन्तोष के रूप में बदल डाला!

**ज्येष्ठ ड्यूक :** आओ चलो, शिकार के लिए चलें। कोई हरिण मारकर लाएँ। पर मुझे यह देखकर भी कितना दुःख होता है कि बेचारे वे भोले-भाले सुन्दर हरिण भी, जिनके मुड़े हुए सींग और शरीर पर काले और भूरे धब्बे अत्यन्त सुन्दर मालूम होते हैं, अपने वन-प्रान्त में भी सुख-शान्ति से विचरण नहीं कर सकते। उनके निवास-स्थान में भी हमारे तीर जाकर उनके शरीर को बेधते हैं

**पहला सरदार :** निस्सन्देह, मेरे स्वामी! दुःखी जेक्स इस पर और भी दुःखी हो रहा था और सौगन्ध खाकर कहता था कि आप अपने भाई से भी अधिक किसी की वस्तु का अपहरण करने वाले हैं। आज जैसे ही वह, ओक के पेड़ के नीचे, जिसकी जड़ें जंगल में कल-कल करते हुए बहते झरने के ऊपर झुक रही हैं, बैठा था तो मैं और सरदार अमींस चुपके से उसके पीछे जा बैठे। उसी स्थान पर बेचारा एक हरिण आया जिसको किसी शिकारी के बाण ने छेद रखा था। वह वहाँ मरने के लिए ही आया था। मेरे स्वामी, क्या बताऊँ, वहाँ एक बार उस गरीब जानवर ने ऐसा करुण क्रन्दन किया कि मालूम होता था कि इस असह पीड़ा से उसका शरीर फट जाएगा। आँसुओं की मोटी-मोटी बूँदें उसके भोले चेहरे से एक के बाद एक ऐसे गिर रही थीं कि उन्हें देखकर जी भर-भर आता था। इस तरह वह बेचारा गरीब हरिण उस द्रुतगामी झरने के किनारे खड़ा था और उसके आँसू

टप-टप करके बहते जल में गिर रहे थे। दु:खी जेक्स यह सब कुछ देखता जा रहा था।

**ज्येष्ठ ड्यूक** : लेकिन जेक्स ने कहा क्या? क्या उसे उस दृश्य से कुछ शिक्षा मिली?

**पहला सरदार** : निश्चित ही, मेरे स्वामी। अनेकों रूपों में उसने इस दृश्य को देखा। सर्वप्रथम यह देखकर कि हरिण अपने आँसू उस झरने में बहा रहा है, जिसमें पहले ही काफी पानी था, उसने कहा—हे निरीह पशु! तू अन्य दुनियादारों की ही तरह एक वसीयत लिख रहा है कि जिनके पास इतना अधिक है कि कोई कमी है ही नहीं, उन्हीं को तू और अधिक दे रहा है। उसके उपरान्त उस अकेले उपेक्षित हरिण की अवस्था पर द्रवित होकर वह बोला—ठीक ही है, आपत्तियों में कौन किसका मित्र है? सभी साथ छोड़ जाते हैं। इस बीच में स्वस्थ हरिणों का एक टोल निश्चिंत गति से कूदता-फाँदता वहाँ आया और उनमें से किसी ने भी उस बेचारे मरणासन्न घायल हरिण की तरफ मुड़कर नहीं देखा, तब जेक्स के मुँह से ये शब्द निकल पड़े—ओ सुखी और सम्पन्न नागरिक-रूपी हरिणो! चले जाओ। यही संसार की रीति है। तुम्हें क्या पड़ी कि तुम अपने इस अभागे और बर्बाद साथी की ओर देखो भी। इस तरह जेक्स ने ग्राम, नगर और दरबारी जीवन पर एक कटु व्यंग्य कसा है। यहाँ तक कि हमें भी इस व्यंग्य में कसते हुए उसने सौगन्ध खाकर कहा कि हम अत्याचारी हैं, दूसरों के जीवन का अपहरण करने वाले हैं और सच पूछो तो उससे भी गिरे हुए हैं, जो बेचारे निरीह पशुओं को उनके निवास-स्थान पर जाकर भयभीत करते हैं और मार डालते हैं।

**ज्येष्ठ ड्यूक** : क्या तुमने उसे इसी तरह के विचार में डूबा हुआ छोड़ा था?

**दूसरा सरदार** : हाँ स्वामी! वह घायल मृग की ओर देख-देखकर रो रहा था और इसी तरह बार-बार कह उठता था।

**ज्येष्ठ ड्यूक** : चलो, मुझे वह स्थान दिखाओ। जब जेक्स इस तरह दु:खी

होता है तो मुझे उससे बातें करने में एक विशेष आनन्द मिलता है। उस समय उसकी बातें बड़ी गम्भीर और रहस्य-भरी होती हैं।

**पहला सरदार :** चलिए, मैं अभी आपको सीधे उसके पास ले चलता हूँ।

## दृश्य 2

[महल का प्रकोष्ठ]

**[ड्यूक फ्रैडरिक का अपने सरदारों के साथ प्रवेश]**

**फ्रैडरिक :** यह कैसे सम्भव हो सकता है कि महल छोड़ते समय सीलिया और रोज़ालिंड को किसी ने न देखा हो? ऐसा कभी नहीं हो सकता! इसमें अवश्य हमारे राजदरबार के कुछ बदमाशों का हाथ है।

**दूसरा सरदार :** स्वामी! जहाँ तक मुझे मालूम है किसी ने उन्हें नहीं देखा। रात्रि को उनकी दासियों ने उन्हें अपनी शय्या पर विश्राम करने जाते हुए देखा और फिर प्रातःकाल पाया कि शय्या सूनी पड़ी थी और वे महल छोड़कर कहीं चली गई थीं।

**फ्रैडरिक :** मेरे स्वामी! आपका वह विदूषक भी, जो राजदरबार में आपका मनोरंजन किया करता था, लापता है। राजकुमारी सीलिया की प्रमुख दासी हिस्पीरिया यह अवश्य कह रही है कि उसने आपकी पुत्री और रोज़ालिंड को उसी पहलवान ऑरलेंडो के सौन्दर्य और गुणों की, जिसने कि चार्ल्स को कुश्ती में पछाड़ दिया था, अत्यधिक प्रशंसा करते हुए सुना है। इसीलिए उसका यह विश्वास है कि राजकुमारियाँ चाहे कहीं भी गई हों, वह नवयुवक अवश्य उनके साथ होगा।

**फ्रैडरिक :** तो उसके भाई के पास यह सन्देश लेकर किसी को भेजो कि वह ऑरलेंडो को पकड़कर हमारे सामने उपस्थित करे और अगर वह वहाँ न मिले तो उसके भाई को ही हमारे सामने ले आओ। मैं उससे किसी तरह ऑरलेंडो का पता लगवा लूँगा, लेकिन शीघ्रता

से यह सब काम करो और खोज में तब तक कोई कसर न छोड़ो जब तक इन भगोड़ों को तुम फिर हमारे सामने लाकर उपस्थित न कर दो।

## दृश्य 3

[ओलिवर के घर के सामने]
[ऑरलेंडो और आदम का प्रवेश : मिलन]

**ऑरलेंडो :** कौन है वहाँ?

**आदम :** कौन, और मेरे युवक स्वामी! मेरे सुहृद् और अच्छे सरकार! ओ मेरे स्वर्गीय स्वामी की अनुपम स्मृति! आप यहाँ कैसे! क्या बताऊँ स्वामी। कहा नहीं जाता, आप इतने गुणशील क्यों हैं! जनता आपसे इतना प्रेम क्यों करती है! क्यों आप इतने उदार, वीर और साहसी हैं! आपने आगे उस चंचल और बदलते स्वभाव वाले ड्यूक के दरबारी पहलवान चार्ल्स को पराजित करने की भूल क्यों की? इसी से बड़ी शीघ्रता के साथ आपका यश चारों ओर फैल गया है। पर कैसे नादान हैं मेरे स्वामी, जो इतना भी नहीं समझते कि कभी-कभी मनुष्य के सद्गुण ही उसके शत्रु बन जाते हैं। वही स्थिति आपके साथ है मेरे मालिक! आपके वे सराहनीय सद्गुण ही आपके साथ विश्वासघात कर रहे हैं। हाय! यह संसार भी कैसा विचित्र है कि मनुष्य के सद्गुणों से, जबकि दूसरों को प्रसन्न होना चाहिए, उनके हृदय में उसके प्रति एक ज़हरीली ईर्ष्या पैदा हो जाती है?

**ऑरलेंडो :** लेकिन, इस सबका तात्पर्य क्या है?

**आदम :** ओ अभागे दुःखी नवयुवक! इस घर के अन्दर पैर मत रखना। इसी घर में तुम्हारे सद्गुणों का एक शत्रु रहता है। जानते हो कौन! तुम्हारा भाई; पर नहीं, वह तुम्हारा भाई कहलाने योग्य नहीं है और सर रोलैंड का पुत्र होते हुए भी मैं उसे उनका पुत्र नहीं मानूँगा।

उसने तुम्हारे इस बढ़ते हुए यश के बारे में सुन लिया है और वह इसी रात को तुम समेत तुम्हारे शयनागार को जलाने का षड्यन्त्र कर रहा है। अगर इसमें वह किसी तरह असफल रहा तो वह किसी न किसी तरह तुम्हें अवश्य मरवा देगा। मैंने छिपकर उसके सारे षड्यन्त्रों को सुना है। अब यह स्थान तुम्हारे लिए घर नहीं है मेरे स्वामी! बल्कि तुम्हारा वध करने के लिए निश्चित किया हुआ स्थान है। इससे घृणा करो और भय खाकर कदापि इसमें न घुसो।

ऑरलेंडो : लेकिन फिर मैं कहाँ जाऊँ आदम?

आदम : कहीं भी चले जाओ, पर इस घर के पास मत रहो।

ऑरलेंडो : क्या अभिप्राय है तुम्हारा आदम? क्या तुम चाहते हो कि मैं एक भिखारी की तरह अपना पेट भरने के लिए भीख माँगता फिरूँ या अपनी तलवार के जोर से बेचारे रास्ता-चलते राहगीरों को लूटने का, घृणित डाकू का-सा पेशा अपना लूँ? यही मैं कर सकता हूँ। नहीं तो तुम्हीं बताओ और क्या करूँ! पर यह निश्चित समझ लो कि चाहे मेरा कुछ भी हो, मैं यह सब काम कभी नहीं कर सकता। इसके बजाय तो मैं अपने-आपको उस खूंख्वार भाई के हाथों में दे दूँगा, जिसकी रगों में, सच, इन कुटिल भावनाओं के कारण मेरे पिता का रक्त पूरी तरह बदल चुका है।

आदम : नहीं, ऐसा कभी मत करना। लो, मेरे पास ये पाँच सौ सिक्के हैं जिन्हें मैंने तुम्हारे पिता की सेवा करते हुए यह सोचकर बचाया था कि जब बुढ़ापा आ जाएगा और शिथिलता के कारण मेरे अंग-प्रत्यंग कार्य करने के सर्वथा अयोग्य हो जाएँगे तो उस उपेक्षा भरे हुए समय में यह रकम मेरी सहायक होगी। ले जाओ, इस रकम को ले जाओ! वह ईश्वर जो निस्सहाय पथिकों का पेट भरता है, वही बुढ़ापे में मेरी देखभाल करेगा। यह सब रकम रखी हुई है, इसे तुम ले जाओ और मैं तुम्हारा सेवक बनकर तुम्हारे साथ चलूँगा।

वैसे मैं बूढ़ा दीखता हूँ पर मेरे शरीर में अब भी शक्ति है और वह इस कारण कि मैंने अपनी जवानी में कभी भी वे गरम और खून को जलाने वाली मदिराएँ नहीं पीं और न किन्हीं बुरी आदतों में फँसकर अपने स्वास्थ्य को बिगड़ने दिया, इसीलिए तो मेरे बुढ़ापे के ये दिन शीतकाल के उन स्वास्थ्यप्रद चमकीले और धुंधले दिनों की तरह हैं जो समय आने पर सबके जीवन में ही आते हैं, इसीलिए कृपया मुझे अपने साथ चलने की अनुमति दीजिये। मैं आपको विश्वास दिलाता हूँ कि एक युवक सेवक की भाँति ही मैं आपकी सेवा करूँगा।

**ऑरलेंडो :** ओ मेरे अच्छे वृद्ध पुरुष! तुम प्राचीन काल के विश्वसनीय सेवकों के एक ज्वलन्त उदाहरण हो, जो किसी धन के लोभ में अपने स्वामी के लिए खून-पसीना नहीं बहाते थे, बल्कि यह सब अपना एक पवित्र कर्तव्य समझकर करते थे। आदम! तुम इस वर्तमान समय के लिए नहीं हो, जबकि कोई भी बिना व्यक्तिगत स्वार्थ और धन के प्रलोभन के, किसी के लिए पसीना नहीं बहाता। और उस पर भी जब उसका स्वार्थ पूरा हो जाता है तो उन स्वामियों के साथ भी उसका सेवा-भाव नष्टप्राय हो जाता है। तुम तनिक भी ऐसे नहीं हो! लेकिन मेरे वृद्ध आदम! तुम अपना यह सारा स्नेह किस सूखे वृक्ष पर उंडेल रहे हो, जो तुम्हारे कितने ही कष्ट उठाने के फलस्वरूप भी, फिर से पत्र-पुष्पों के साथ नवजीवन प्राप्त नहीं कर सकता। लेकिन खैर, चलो मेरे साथ। हम साथ-साथ ही चलेंगे और इससे पहले कि तुम्हारा यह उपार्जित धन खर्च हो जाए, हम कहीं बसकर, थोड़ी-बहुत जीविकोपार्जन की व्यवस्था अवश्य करेंगे।

**आदम :** अच्छा, तो चलो मेरे स्वामी! अब चलें! मैं अपनी अन्तिम श्वासों तक सचाई के साथ तुम्हारी सेवा करता रहूँगा। अपनी सत्रह वर्ष की आयु से आज अस्सी वर्ष की आयु तक मैं इस घर में रहा हूँ,

पर आज इसे छोड़ता हूँ। सत्रह वर्ष की आयु में प्रायः लोग अपने भाग्य-निर्माण के लिए प्रयत्नशील रहते हैं, पर अस्सी वर्ष की उम्र में तो कोई क्या भाग्य-वृद्धि की आशा करेगा? भाग्य की इससे भी बढ़कर मेरे लिए और क्या देन होगी कि मैं अपने स्वामी की सेवा के ऋण से उऋण होकर प्रसन्नतापूर्वक मर सकूँगा?

दृश्य 4

[अर्दन वन]

**[रोज़ालिंड का गैनीमीड तथा सीलिया का ऐलीना के वेश में विदूषक के साथ प्रवेश]**

**रोज़ालिंड** : हे भगवान्! मेरा हृदय कितना दुःखी है।

**टचस्टोन** : मुझे हृदय की कोई परवाह नहीं है बशर्ते मेरे पैर न थकें।

**रोज़ालिंड** : मेरे इस दुःखी होने तथा स्त्रियों की तरह रोने से तो मेरे पुरुष-वेश पर कलंक आता है और फिर मुझे तो अपनी दुर्बल बहिन सीलिया को भी धैर्य और सन्तोष बँधाना है! फिर पुरुष का-सा वीर वेश पहनकर स्त्रियों की तरह क्यों मैं अपना साहस खोऊँ! मेरी ऐलीना! थोड़ी हिम्मत रखो।

**सीलिया** : मैं तुम से विनती करती हूँ प्यारी बहिन! मुझसे अप्रसन्न न हो। मैं अब तनिक भी आगे चलने में असमर्थ हूँ।

**टचस्टोन** : अगर मेरी बात पूछो तो मैं तो बजाय तुम्हें उठाकर आगे ले जाने[1] के तुम्हारी बात ही मान जाता और यदि उठा ले भी जाता

---

1. यहाँ विदूषक ने 'बीअर' (Bear) शब्द के दो अर्थ लिए हैं। पहले 'बीअर' का अर्थ है 'सहन करना'; दूसरे स्थान पर अर्थ है 'उठाकर ले जाना'। शेक्सपियर अपने नाटकों के पात्रों के मुँह से इस तरह के 'पन' (द्वयर्थक शब्द) का प्रयोग प्रायः कराते हैं जिनकी भाषागत सुन्दरता को हिन्दी-अनुवाद में लाना कठिन है।

तो भी मुझे क्या मिलता? तुम्हारी जेब तो पैसे-धेलों से बिलकुल खाली है!

**रोज़ालिंड :** अरे, यह तो अर्दन वन है!

**टचस्टोन :** अरे हाँ, मैं तो अब अर्दन वन में हूँ। ओह, घर पर मैं कितने मज़े में था! थोड़ा बेवकूफ अवश्य था, पर यहाँ तो उससे भी अधिक बन गया हूँ। लेकिन खैर, यात्रियों को तो मार्ग की कठिनाइयों को सहते हुए सन्तोष रखना चाहिए।

**रोज़ालिंड :** क्या अच्छी बात है, ऐसी ही अच्छी धारणा रखो टचस्टोन!

[कोरिन और सिल्वियस का प्रवेश]

वह देखो, कौन आ रहे हैं यहाँ? एक नवयुवक और एक वृद्ध, कोई गम्भीर वार्ता करते हुए आ रहे हैं।

**कोरिन :** तुम्हारे व्यवहार के कारण ही तो वह तुम से अभी तक घृणा करती है।

**सिल्वियस :** पर ओ कोरिन! काश, तुम इतना समझ पाते कि मैं उससे कितना अधिक प्रेम करता हूँ।

**कोरिन :** हाँ हाँ, मैंने भी प्रेम किया है, इसीलिए इसका थोड़ा बहुत अनुमान लगा सकता हूँ।

**सिल्वियस :** नहीं कोरिन! तुम बूढ़े हो, इसीलिए सही अनुमान नहीं लगा सकते कि मैं उसे कितना प्यार करता हूँ। हो सकता है कि तुम अपनी जवानी के दिनों में एक सच्चे प्रेमी रहे हो और यह भी सम्भव है कि तुमने अपनी प्रेयसी की याद में पूरी रात निःश्वास छोड़ते-छोड़ते ही बिता दी हो; पर यह समझ लो कि तुम्हारा प्रेम मेरे जैसा होता, तो तुम उस प्रेम के उन्माद में न जाने कितने विचित्र पागलपन के काम कर गए होते। इसीलिए तो मैं कहता हूँ कि निश्चित ही आज तक कभी किसी ने मेरे-जैसा प्रेम नहीं किया।

**कोरिन :** ऐसे विचित्र तो हज़ारों काम किए हैं पर मैं भूल गया हूँ।

**सिल्वियस :** भूल गये हो? तब तो तुमने निश्चित ही किसी से इतना अगाध

प्रेम नहीं किया, नहीं तो तुम्हें अपने पागलपन की छोटी से छोटी घटना भी, जो प्रेमोन्माद में घटी होगी, अवश्य याद रहती। तुमने प्रेम नहीं किया है, कोरिन! बताओ, क्या तुमने मेरी तरह कभी अपनी प्रेयसी की प्रशंसा करते हुए श्रोताओं के हृदय को लुभाया है? नहीं, निश्चित ही तुमने प्रेम नहीं किया है। बताओ, क्या तुम्हारा भी उस समय तुम्हारे सारे मित्रों ने साथ छोड़ दिया था? यदि नहीं तो मैं दावे से कह सकता हूँ कि तुम प्रेम करना जानते तक नहीं। ओ फीबी! फीबी!!

[प्रस्थान]

**रोज़ालिंड :** ओह! गरीब चरवाहे, कैसी बात है कि तुम्हारे हृदय की व्यथा की अनुभूति करते हुए मेरी अपनी व्यथा उभर आई है।

**टचस्टोन :** और इधर मेरी भी। मुझे खूब याद है जब मैं प्रेम में पूरी तरह खोया हुआ था तो एक दिन मैंने अपनी नंगी तलवार से उस पत्थर पर, जो रात्रि को प्रायः 'जेन स्माइल' को अपने ऊपर बैठाया करता था, ऐसा भीषण वार किया कि मेरी तलवार ही टूट गई और क्या-क्या नहीं किया? मैं आज तक नहीं भूला हूँ कि अपनी प्यार की मस्ती में मैंने उसकी छड़ी को और यहाँ तक कि उसकी गाय के थनों को जिन्हें पकड़कर वह अपने कोमल हाथों से दूध दोहती थी, बार-बार चूमा है। कहाँ तक याद करूँ! उसकी याद में मैंने शकुन-रूप में मटर के पौधे को भी प्रेम किया है। उसी से मैंने वे दो पौधे लिए थे और जब वह आई तो मैंने अपने आँसू बहाकर उन्हें उसे देते हुए कहा—मेरे लिए ही मेरी प्यारी, इन्हें पहन लो। क्या कहा जाए, हम तो सच्चे प्रेमी हैं। इसी तरह की विचित्र पागलपन की बातें करने लगते हैं। लेकिन छोड़ो यह सब-कुछ, जब सारे प्राणी नाशवान् हैं और हम एक न एक दिन अवश्य मर जाएँगे तो प्रेम करने से बढ़कर और मूर्खता क्या होगी?

**रोज़ालिंड :** जितना तुम जानते हो, उससे तो कहीं अधिक बुद्धिमानी की

बातें करने लगते हो।

**टचस्टोन :** नहीं, मुझे तो तब तक अपनी योग्यता का ज्ञान ही नहीं होगा, जब तक इसके लिए मेरी एक न एक हड्डी-पसली टूट न जाए और इसके लिए मुझे कुछ आपत्ति न सहनी पड़े।

**रोज़ालिंड :** हे ईश्वर! इस चरवाहे के मनोभाव तो मुझसे बहुत-कुछ मिलते-जुलते हैं।

**टचस्टोन :** और मेरे भी यही मनोभाव हैं, पर सच, मैं तो इससे परेशान हो गया हूँ।

**सीलिया :** मेरी तुमसे प्रार्थना है कि जाकर उस आदमी से यह पूछो कि क्या वह स्वर्ण के बदले में कुछ खाने को देगा? सच, मैं तो भूख के मारे मरी जा रही हूँ।

**टचस्टोन :** कहो, ऐ ग्रामवासी!

**रोज़ालिंड :** चुप रहो मूर्ख, क्या वह तुम्हारा कोई सम्बन्धी है जो इस तरह पुकार रहे हो?

**कोरिन :** कौन बुला रहा है मुझे?

**टचस्टोन :** वृद्ध महाशय! आपको आपसे ऊँचे पद वाले लोग ही बुला रहे हैं।

**कोरिन :** लेकिन इस स्थान पर तो वे बहुत ही बुरी हालत में हैं।

**रोज़ालिंड :** चुप रहो, मैं कहती हूँ—नमस्ते मित्र!

**कोरिन :** आपको तथा अन्य महानुभावों को मेरी ओर से नमस्ते।

**रोज़ालिंड :** हे कृपालु चरवाहे! मैं यह जानना चाहता हूँ कि क्या तुम धन के बदले में या हमसे स्नेह करने के फलस्वरूप, इस निर्जन वन में हमारे रहने तथा भोजन की व्यवस्था कर सकते हो? हमारे साथ एक युवती है जो बहुत थक गई है और भूख के मारे मूर्च्छित हो रही है।

**कोरिन :** मान्यवर महोदय! मुझे उसकी इस अवस्था पर खेद है और मैं अपने जीवन से भी अधिक उसकी जीवन-रक्षा की कामना करता

हूँ। काश! मेरे पास उसकी सेवा करने के लिए पर्याप्त साधन होते। मैं तो स्वयं एक मजदूर हूँ और ये भेड़ें जिनको मैं चरा रहा हूँ, मेरी नहीं हैं। मेरे स्वामी बहुत ही कंजूस और नीच प्रकृति के आदमी हैं। उन्होंने कभी कोई ऐसा उदारतापूर्ण सत्कार्य नहीं किया जिससे उन्हें मृत्यु के उपरान्त स्वर्ग का सुख मिल सके। इसके अतिरिक्त उनकी कुटिया, यह भेड़ों का झुण्ड और जो कुछ भी चारा है, सब विक्रय के लिए तैयार है। चूँकि वह यहाँ उपस्थित नहीं हैं इसलिए हमारे इस बाड़े में कोई ऐसी वस्तु नहीं है जिससे हम आपकी भूख मिटा सकें। लेकिन इससे क्या, आप स्वयं आकर देख लीजिए। आइए, मैं आपका हार्दिक स्वागत करता हूँ।

**रोज़ालिंड** ः कौन है वह, जो भेड़ों को और चरागाह को खरीदेगा?

**कोरिन** ः वही नौजवान ग्रामवासी जिसे आपने यहाँ अभी-अभी देखा है; लेकिन वह कोई वस्तु इसी समय खरीदना नहीं चाहता।

**रोज़ालिंड** ः अगर यह ईमानदारी का सौदा है तो मैं आपसे सविनय निवेदन करता हूँ कि आप यह झोंपड़ी, चरागाह और भेड़ों का झुण्ड खरीद लीजिए। इसकी कीमत हम आपको अपने पास से दे देंगे।

**सीलिया** ः और हम तुम्हारा वेतन भी बढ़ा देंगे। मुझे यह स्थान बहुत पसन्द है और मैं यहीं रहना चाहती हूँ।

**कोरिन** ः निश्चित ही यह सब कुछ बिकने वाला है। मेरे साथ चलिए। यदि दूसरों के कथनानुसार यह स्थान, ये वस्तुएँ और यहाँ का जीवन आपको अच्छा लगे तो अवश्य मैं एक वफादार चरवाहे की तरह आपकी सेवा करूँगा और आपके पैसे से मैं तुरन्त ही इस सबको खरीद लूँगा।

[प्रस्थान]

## दृश्य 5

[वन-प्रान्त]
**[अमींस, जेक्स तथा अन्य लोगों का प्रवेश]**
गीत

**अमींस :** हरे वृक्ष की मृदु छाया में,

सघन सघन इस चल छाया में।

मेरे साथ लेटना किसको

भाता है, मुझको बतला दो!

तान मिला मृदु खग-कलरव में,

गाना भाता है, बतला दो!

हरे वृक्ष की मृदु छाया में,

सघन चपल चल दल छाया में।

आओ, आओ, हे प्रिय, आओ,

आओ, मेरे प्राण, यहाँ पर।

केवल कठिन शीत को तज कर,

कोई भी है रिपु न यहाँ पर।

हरे वृक्ष की मृदु छाया में,

सघन चपल मीठी छाया में।

**जेक्स :** और गाओ, मैं तुमसे विनय करता हूँ, और गाओ!

**अमींस :** लेकिन इस गीत से तुम उदास हो जाओगे जेक्स!

**जेक्स :** मैं इस गीत के लिए तुम्हें धन्यवाद देता हूँ! कृपया और गाओ!

जैसे एक नेवला अण्डे को चूसकर अपना भोजन प्राप्त करता है उसी

प्रकार इस गीत की दुःखमयी भावनाओं से भोजन की तरह मेरी

आत्मा को सन्तोष मिलता है। मैं अभी और गीत सुनना चाहता

हूँ।

**अमींस :** लेकिन मेरी आवाज़ तो अजीब खुरदरी और बेसुरी है इसलिए

मैं जानता हूँ कि मैं अपने गाने से तुम्हें प्रसन्न नहीं कर सकूँगा।

**जेक्स :** मुझे आवश्यकता नहीं कि तुम मुझे प्रसन्न करो, मुझे तो गाना चाहिए। गाओ, गाओ! उस गीत का दूसरा पद गाकर सुनाओ। अपने गीत में तुम इन्हें पद ही कहते हो न?

**अर्मींस :** यह तो तुम्हारे ऊपर है जेक्स, जो चाहो कह लो।

**जेक्स :** नहीं, खैर उनके नाम पूछने की मुझे कोई परवाह नहीं। वे मेरे ऋणी थोड़े ही हैं। कृपया क्या तुम अपना गाना शुरू करोगे?

**अर्मींस :** खैर, तुम इतना कहते हो तो गाता हूँ, वैसे मुझे तो अच्छा नहीं लगता है।

**जेक्स :** तब तो यदि मैं किसी को धन्यवाद दूँ भी तो केवल तुम्हें ही दूँगा। वैसे कहा तो यह जाता है कि इस तरह का धन्यवाद लेना-देना दो बन्दरों की लड़ाई और खींचातानी के सिवाय और कुछ नहीं है। सच, जब कोई आदमी मुझे हार्दिक धन्यवाद देता है तो मैं तो यही समझता हूँ कि मैंने इसे एकाध पैसा दे दिया है, इसीलिए भिखारी की तरह मुझे यह धन्यवाद दे रहा है। अच्छा, छोड़ो। अब तो गाओ और आप लोग जो नहीं गा रहे हैं, कृपया चुप ही रहें।

**अर्मींस :** अच्छा, तो अब मैं अपना गाना शुरू करता हूँ और आप महानुभाव तब तक यहाँ कुछ बिछा दें, क्योंकि ड्यूक इसी वृक्ष के नीचे भोजन करेंगे। वे सारा दिन तुम्हें ढूँढ़ते रहे हैं।

**जेक्स :** और मैं सारा दिन उनसे मिलना टालता रहा हूँ। वह बहुत तर्क करने वाले आदमी हैं, इसीलिए मैं उनकी सोहबत पसन्द नहीं करता। जितने विषयों पर वे विचार करते हैं उतने ही विषयों पर मैं भी करता हूँ, पर मैं तो उनके लिए ईश्वर को धन्यवाद देता हूँ, कभी भी उन बातों को एक पशु की दृष्टि से नहीं देखता। अच्छा, जाओ, अब तो कुछ गाओ।

गीत

**अर्मींस :** *(और अन्य सभी)*

जिसे नहीं हों आकांक्षाएँ,

जिसे सूर्य की मधुर ज्योति प्रिय,

जो मिल जाए वह ही खाकर,

मग्न रहे, हो सन्तोषी प्रिय,

आओ, आओ, हे प्रिय, आओ!

आओ, मेरे प्राण, यहाँ पर!

केवल कठिन शीत को तजकर,

कोई भी है रिपु न यहाँ पर;

हरे वृक्ष की मृदु छाया में।

सघन सघन इस चल छाया में।

**जेक्स** : यद्यपि मैं कोई कवि नहीं हूँ लेकिन मैंने कल ही तुम्हारे जैसा एक गीत लिखा है। लो, सुनो!

**अर्मींस** : तब तो मैं उस गीत को अवश्य गाऊँगा।

**जेक्स** : वह इस तरह है :

यदि कोई हठ के वश होकर

अपने सुख-वैभव को तज दे,

खर बन जाए मनुज स्वयं ही

मूर्ख-चक्र में आए फँस के।

ड्यूकडेम, ड्यूकडेम, ड्यूकडेम!

उसे वास्तविक खर पाने को

मेरे निकट यहीं आने दो,

यहीं मिलेगी उसे आत्मछवि

मूर्ख-चक्र में ही आने दो!

**अर्मींस** : यह ड्यूकडेम क्या बला है?

**जेक्स** : यह ग्रीक निवासियों का मूर्खों को एक घेरे में बुलाने अंक के लिए प्रयोग किया जाने वाला एक शब्द है। खैर, अब मैं सोने जाता हूँ। अगर हो सका तो; और यदि नहीं तो, फिर मैं मिस्र देश में पहले-पहल

पैदा होने वाले उन धन-सम्पत्ति के मालिकों को खूब गाली दूँगा।

**अर्मींस :** और मैं ड्यूक को खोजकर लाता हूँ क्योंकि भोजन परोसा जा चुका है।

दृश्य 6

[वन-प्रान्त]

**[ऑरलेंडो और आदम का प्रवेश]**

**आदम :** मेरे प्यारे स्वामी! अब मुझसे और आगे नहीं चला जाता। देखो तो, भूख के मारे मरा जा रहा हूँ। मैं तो यहीं लेटता हूँ, स्वामी! थोड़ी देर बाद मर जाऊँगा तो इसी जगह मेरी कब्र होगी। अच्छा अलविदा, मेरे कृपालु स्वामी!

**ऑरलेंडो :** यह क्या कर रहे हो आदम! क्या तुममें इससे अधिक साहस नहीं है? थोड़ा साहस और धैर्य रखो। इस तरह बिलकुल निराश मत हो। लो, मैं जाता हूँ और इस भयावने वन में मुझे कोई भी पशु मिल जाएगा तो उसे तुम्हारे लिए मारकर ले आता हूँ और नहीं तो मैं स्वयं उस पशु के हाथों मर जाऊँगा। तुममें अभी तो शक्ति बाकी है, फिर ऐसा क्यों सोचते हो कि कुछ क्षणों में तुम्हारी मृत्यु हो जाएगी। मेरे लिए आदम! थोड़ा धैर्य रखो और कुछ समय के लिए मृत्यु से संघर्ष करते रहो। मैं अति शीघ्र ही वापस आ जाऊँगा और यदि मैं तुम्हारे खाने के लिए कुछ नहीं ला पाया तो उस समय कह दूँगा—चले जाओ मेरे आदम, मुझे छोड़कर मृत्यु की गोद में चले जाओ। लेकिन यदि तुम मेरे आने से पहले मुझे छोड़कर चल बसे, तो मैं यही कहूँगा आदम! कि तुम मेरे परिश्रम की हँसी-सी उड़ाकर चले गए। शाबाश, बहुत अच्छा! अब तुम्हारा चेहरा कुछ खिलता हुआ मालूम दिया। मैं अभी तुरन्त ही तुम्हारे पास वापस

आ जाऊँगा, लेकिन आओ, तुम यहाँ ठण्डी हवा में पड़े हुए हो, मैं तुम्हें किसी सुरक्षित स्थान में ले चलता हूँ। विश्वास कर लो कि यदि इस वन में एक भी पशु-पक्षी जीवित है, तो मैं तुम्हें भूख से तड़प-तड़पकर नहीं मरने दूँगा आदम! अच्छा, अब विदा। देखो, धैर्य न खोना।


## दृश्य 7


[वन-प्रान्त]

**[एक मेज़ लगी हुई है। ज्येष्ठ ड्यूक, अमींस तथा सरदारों का निर्वासित प्राणियों की भाँति प्रवेश]**

**ज्येष्ठ ड्यूक :** मेरा विचार है कि उसे तो पशु बन जाना चाहिए क्योंकि मनुष्य की सी तो एक भी बात उसमें नहीं दीखती।

**पहला सरदार :** मेरे स्वामी! वह बस, अभी-अभी यहाँ से गया है। यहाँ मधुर गीत सुनता हुआ वह मस्त हो रहा था।

**ज्येष्ठ ड्यूक :** यदि जेक्स जैसा बेतुका आदमी भी संगीत का शौकीन हो जाए तो निश्चित समझ लो कि संसार पर शीघ्र की कोई न कोई विपत्ति आने वाली है। जाओ, उसे खोजकर तो लाओ। उससे कहना कि मुझे उससे बातचीत करनी है।

**[जेक्स का प्रवेश]**

**पहला सरदार :** लो मेरी मेहनत बची। वह तो स्वयं ही आ गया।

**ज्येष्ठ ड्यूक :** कहिए, जनाब के मिजाज़ कैसे हैं? वाह, यह भी आपका क्या तरीका है कि आपके बेचारे गरीब दोस्त आपकी सोहबत के लिए तरसते फिरा करें। अरे, खूब! आपके चेहरे पर तो खुशी की चमक दिखाई दे रही है।

**जेक्स :** आज इस जंगल में एक मूर्ख मिल गया था। बिलकुल बहुरूपिया

था, रंग-बिरंगे कपड़े पहने था। कैसी अजीब दुनिया है जो जंगल की इस ज़िन्दगी को दुःखदायी कहकर पुकारती है। सच, मुझे तो उस मूर्ख से मिलने में वही मज़ा आया जो खाना खाने में आता है। वह ज़मीन पर लेटा हुआ धूप में गर्मी ले रहा था और बड़े अच्छे रहस्य भरे हुए शब्दों में अपने भाग्य को कोस रहा था, फिर भी मेरा विश्वास है कि वह मूर्ख ही था। मैंने उसके पास पहुँचते ही उसे मूर्ख ही कहकर नमस्ते की। इस पर उसने कहा—नहीं, जब तक भाग्य मेरे अनुकूल न हो जाए, तब तक मुझे मूर्ख न कहो और उसके पश्चात् उसने अपनी जेब से एक घड़ी निकाली और उसकी तरफ शून्य दृष्टि से देखते हुए बड़े बुद्धिमान् की-सी मुद्रा बनाकर कहा—इस घड़ी में इस समय दस बजे हैं। इस तरह समय की गति के साथ हम यह जान सकते हैं कि जीवन प्रतिक्षण कैसे बदलता रहता है। एक घण्टे ही पहले नौ बजे थे और एक घण्टे बाद ग्यारह बज जाएँगे। इस तरह जैसे-जैसे ये घण्टे बीतते जाते हैं, वैसे-वैसे ही हम अपनी वृद्धावस्था की तरफ अग्रसर होते जाते हैं और इसी समय की गति के बीच मृत्यु के पश्चात् हमारी सत्ता पूर्णरूप से समाप्त हो जाती है। आप सुनें तो मैं इसके बारे में एक कहानी कहूँ। इस तरह जब मैंने उस बहुरूपिए मूर्ख को समय की गति पर ऐसी शिक्षाप्रद बातें करते सुना तो, सच मेरा हृदय यह सोचते हुए गद्गद होकर एक मुर्गी की तरह अन्दर ही अन्दर कूक उठा कि ऐसे मूर्ख भी इतनी गम्भीर और रहस्य-भरी बातें कर सकते हैं। और मैं पूरे एक घण्टे तक उसकी घड़ी की तरफ देखता हुआ हँसता रहा। ओ प्रिय मूर्ख! ओ श्रेष्ठ मूर्ख! सच, तुम्हारी यह रंग-बिरंगी पोशाक ही सबको पहननी चाहिए।

**ज्येष्ठ ड्यूक :** ऐसा कौन-सा मूर्ख है वह?

**जेक्स :** वह एक श्रेष्ठ मूर्ख है। वह राजदरबार में भी रह चुका है और कहता है कि यदि स्त्रियों को यौवन और सौन्दर्य का उपहार मिला

है, तो यह भी तो गुण उनमें है कि उसका उन्हें पूरी तरह ज्ञान है, और उनके उस सूखे मस्तिष्क में, जो ठीक उसी तरह का है, जैसे समुद्री यात्रा के अन्त में कोई सूखा-सा बिस्कुट बच रहता है, न जाने कितनी ऐसी विचित्र बातें भरी हुई हैं। साधारण-सी बातों को देखकर वह एक अद्भुत ढंग से उन्हें प्रकट करता है। काश! मैं भी उस-जैसा एक मूर्ख होता और उसी की तरह रंग-बिरंगी पोशाक पहनता।

**ज्येष्ठ ड्यूक :** तुम्हें भी एक ऐसी, पोशाक मिल जाएगी।

**जेक्स :** बस, यही मेरी एक प्रार्थना है, बशर्ते कि आप लोग मेरे बारे में बनाई हुई अपनी यह पूर्ण धारणा बदल दें कि मैं कुछ बुद्धि भी रखता हूँ; क्योंकि इस तरह की रंग-बिरंगी पोशाक पहनकर तो मैं बिलकुल मूर्ख दिखूँगा और उस समय आपकी यह धारणा निर्मूल सिद्ध होगी। इसके अतिरिक्त मुझे वायु की तरह ऐसी कहने-सुनने की स्वतन्त्रता होनी चाहिए कि मैं किसी पर भी जैसा चाहूँ कटु व्यंग्य कर सकूँ क्योंकि पेशेवर मूर्खों को ऐसी ही स्वतन्त्रता रहती है। जिनके दिल पर भी मेरी बातों की गहरी चोट बैठे, उन्हें उतने ही जोर से हँसना चाहिए। आप पूछिए, उन्हें ऐसा क्यों करना चाहिए? तो इस 'क्यों' का अर्थ भी ऐसा साफ है, जैसे गाँव के गिरजाघर का रास्ता। वह जो एक बार मूर्ख के कटु व्यंग्य का शिकार बन गया है, चाहे मन में अत्यन्त क्रुद्ध हो, लेकिन यदि उस पर अपना क्रोध दिखाता है, तो इससे बढ़कर कोई मूर्ख न होगा और यदि क्रोध नहीं दिखाता है, तो मूर्ख की चतुराई-भरी चालों से और हावभावों से बुद्धिमान् बने हुए मनुष्य की सारी कमज़ोरियाँ सबके सामने खुल ही जाती हैं। तो लाओ अब मुझे अपनी वह पोशाक दो और मुझे किसी से भी कुछ कहने की स्वतन्त्रता दो; तब मैं पूरी तरह इस समाज की सारी खराबियों को दूर कर डालूँगा। यदि लोगों ने मेरे इस नुस्खे को स्वीकार किया, तो निश्चय ही उनमें कोई

दोष न रह जाएँगे।

**ज्येष्ठ ड्यूक :** कुछ तो सोच-विचार कर शरम करो। मैं सब समझता हूँ कि तुम क्या करोगे?

**जेक्स :** क्या आप समझते हैं कि रास्ते में किसी को कोई हानि पहुँचाऊँगा?

**ज्येष्ठ ड्यूक :** हाँ, तुम इस तरह समाज के दोषों पर व्यंग्य कसकर, बहुत ही घृणित कार्य करोगे क्योंकि थोड़ा अपनी तरफ तो देखो कि तुमने अपना जीवन कैसे पशुओं की तरह आवारापन, कामवासना और नीचता के साथ बिताया है और यदि तुम्हें इस तरह की स्वतन्त्रता दी गई, तो जैसे तुम्हारा यह सारा ज्ञान पूरी तरह पाप और दुराचार से भरा हुआ है; उसी तरह तुम सारे संसार को पापमय बना डालोगे।

**जेक्स :** ऐसा क्यों? यदि कोई भी दुरभिमान की कटु आलोचना करता है, तो इससे वह किसी व्यक्ति-विशेष को इस आलोचना का शिकार थोड़े ही बनाता है? फिर क्या यह सत्य नहीं है कि मनुष्य के जीवन में दुरभिमान एक ज्वार की तरह चढ़ता है और तब तक बढ़ता ही जाता है जब तक उस मनुष्य का भाग्य पूरी तरह करवट न बदल जाए। आप ही बताइए, जब मैं कहता हूँ कि शहर की स्त्री अपनी वेश-भूषा के बेकार के दिखावे में अपनी औकात से ज़्यादा खर्च कर डालती है, तो क्या मेरा संकेत शहर की किसी विशेष स्त्री की तरफ है? कौन कह सकता है कि मैं उस अमुक स्त्री की आलोचना कर रहा हूँ? क्या उसी तरह उसकी पड़ोसिन नहीं हो सकती? इसके अतिरिक्त ऐसा कौन नीच मनोवृत्ति का मनुष्य है जो यह कहता है कि इस दुरभिमान से भरी वीरता का मूल्य मुझे नहीं चुकाना पड़ता? मान लो, यदि कोई यह भी सोच ले कि मेरा संकेत उसी की ओर है, तो क्या यह स्पष्ट नहीं हो जाता कि मेरे शब्द सही रूप में उसकी मूर्खता को व्यक्त कर रहे हैं? बस, यही मैं करना चाहता हूँ। तब आप ही बताइए कि मेरे शब्दों से कोई कैसे पापमय हो जाएगा? यदि मेरे आलोचना-भरे शब्द उसके चरित्र

और व्यवहार पर ठीक उतरते हैं, तो उसे अपने-आपको दोष देना चाहिए, न कि मुझे। और यदि उसे इसका पता ही न चले कि उसके चरित्र पर ही यह कटु आलोचना की गई है, तब तो मेरी आलोचना विस्तृत रूप से इसी तरह सबके लिए है, जैसे कोई वन का हंस अपना कोई निश्चित गंतव्य न बनाते हुए निर्बाध गति से चारों ओर फिरता है। किसी व्यक्ति-विशेष से मेरा मतलब हो ही नहीं सकता। अरे, यह कौन आ रहा है यहाँ?

[ऑरलेंडो का नंगी तलवार लिए हुए प्रवेश]

ऑरलेंडो : बस, खबरदार, अब और अधिक न खाना!

जेक्स : अरे, यह क्या? मैंने तो अभी तक कुछ खाया ही नहीं है।

ऑरलेंडो : और न तुम अब खाओगे! जब तक मेरी आवश्यकता, जो तुम्हारी आवश्यकता से कहीं अधिक है, पूरी न हो जाए!

जेक्स : यह मुर्गा न जाने किस बीज से पैदा हुआ है।

ज्येष्ठ ड्यूक : क्यों भाई, क्या अत्यधिक संकट में होने के कारण तुम्हारा व्यवहार इतना कटु हो गया है या सदाचार से तुम्हें कुछ घृणा है, जो तुम इस तरह धृष्टतापूर्ण व्यवहार कर रहे हो, मानो सभ्यता तुम्हारे पास तक न फटकी हो?

ऑरलेंडो : तुमने अपने पहले शब्दों में ही मेरी पीड़ा समझ ली। सच, इस घोर विपत्तियों के जीवन में छिदा हुआ ही, मैं भले लगने वाले सारे शील और सदाचार को भूल-सा गया हूँ; वैसे मैं कोई असभ्य गँवार नहीं हूँ, सुसंस्कृत समाज में मैं पला हूँ, लेकिन बस, खबरदार खाने को हाथ मत लगाना। मैं कहता हूँ, जब तक मेरी यह कठिनाईभरी समस्या हल न हो जाए, तब तक यदि किसी ने एक भी फल को हाथ लगाया, तो मेरे हाथों उसका वध होना निश्चित है।

जेक्स : लेकिन तर्क के साथ तुम्हारे प्रश्न को हल करना तो असम्भव ही है, इसलिए ठीक है, मेरा वध तो निश्चित है।

ज्येष्ठ ड्यूक : क्या चाहते हो तुम? लेकिन यह समझ लो कि जो काम

तुम नम्रतापूर्वक व्यवहार से निकाल सकोगे वह इस तरह अपना बल दिखाकर न निकाल पाओगे।

**ऑरलेंडो :** मुझे भोजन की अत्यधिक आवश्यकता है। मुझे वही चाहिए।

**ज्येष्ठ ड्यूक :** अच्छा तो आओ और हमारे साथ बैठकर खाओ। हम तुम्हारा स्वागत करते हैं।

**ऑरलेंडो :** ओह, आप तो इतनी नम्रता के साथ बोल रहे हैं! मुझे क्षमा करना, मैं आपसे प्रार्थना करता हूँ। मैंने सोचा था कि इस वन में सब ही वनपशुओं की तरह होंगे, इसलिए मैंने इतना क्रुद्ध होकर ऐसे कटु शब्द का प्रयोग किया। लेकिन हे महानुभाव! आप जो इस उजाड़ निर्जन वनप्रान्त में अत्यन्त दुःख और चिन्ताओं से घिरे हुए अपना समय बिता रहे हैं, कोई भी हो; पर यदि आपके जीवन में भी कभी अच्छे दिन आए हैं, या आपने कभी गिरजाघर के प्रांगण में खड़े होकर किसी शव पर बजते उन घण्टों को सुना है, या आप कभी किसी सज्जन द्वारा दिए गए भोज में सम्मिलित हुए हैं, या कभी भी आपने अपनी आँखों से निकली एक भी आँसू की बूँद को पोंछा है और किसी पर दया करना या किसी से दया की अपेक्षा करना जानते हैं तो मेरे इस नम्र निवेदन को अवश्य स्वीकार करिए। इसी आशा में मैं अपने इस उच्छृंखल व्यवहार के लिए लज्जित होता हूँ और लीजिए अपनी नंगी तलवार म्यान में डाल लेता हूँ।

**ज्येष्ठ ड्यूक :** यह सत्य है कि हमने अपने जीवन में अच्छे दिन देखे हैं और गिरजाघर के पवित्र घण्टे को गुन्जारित होते हुए भी सुना है। इसके अतिरिक्त हम सज्जनों द्वारा दिए भोजों में भी सम्मिलित हुए हैं और जब कभी करुणा से हृदय भर आता था तो हमने अपनी आँखों से निकली आँसू की बूँदों को भी पोंछा है। इसीलिए कृपया आप यहाँ बैठ जाइए और आपकी कठिनाई में जो भी सहायता करने के योग्य हम हैं, अवश्य करेंगे। आप पूरी तरह विश्वास रखें।

**ऑरलेंडो :** तो फिर आप थोड़ी देर भोजन करने से रुके रहिए। जिस तरह

एक हरिणी अपने भूखे-प्यासे बच्चे को लाती है और उसे कुछ खिलाती है, उसी तरह मैं भी किसी को लेने जाता हूँ। उधर बेचारा एक गरीब बूढ़ा, जो सच्चे प्रेम की स्फूर्ति लिए हुए काफी दूर तक मेरे साथ चलता आया है, भूख से तड़प रहा है। इधर जो उतनी तेज भूख और उस पर उसकी वृद्धावस्था। इस तरह बेचारा दोनों तरफ से पूरी तरह घुट रहा है। जब तक मैं उसका पेट न भर दूँ, तब तक अन्न का एक दाना मैं नहीं छू सकता।

**ज्येष्ठ ड्यूक :** तो आओ, उसे ले आओ और हम तुम्हें विश्वास दिलाते हैं कि तुम्हारे आने तक भोजन को हाथ नहीं लगाएँगे।

**ऑरलेंडो :** इस तरह विश्वास देने के लिए मैं आपको धन्यवाद देता हूँ और भगवान् से आपके लिए शुभकामना करता हूँ।

[प्रस्थान]

**ज्येष्ठ ड्यूक :** देखा? केवल हमीं इस संसार में दुःखी नहीं हैं। हमारे इस दुःखी जीवन के अतिरिक्त विश्व रंगमंच पर न जाने कितने और दुःख से भरे हुए दृश्य हैं, जिन्हें हमने अभी तक नहीं देखा है!

**जेक्स :** सच, यह विश्व एक विशाल रंगमंच है और सभी स्त्री-पुरुष नाटक के पात्रों की तरह इस रंगमंच पर आते हैं और चले जाते हैं। प्रत्येक अपने समय में कई काम करता है, और उसका सम्पूर्ण जीवन सात अंकों में विभाजित होता है। सबसे पहले अंक में तो मनुष्य एक बच्चे की स्थिति में अपनी धाय के हाथों में रोता-बिलखता है। इसके बाद थोड़ा बड़ा होता है तो प्रातःकाल अपना मुँह धोकर और बगल में किताबों का थैला लटकाकर स्कूल के लिए रेंगता हुआ इस तरह जाता है जैसे कि उसके ऊपर कोई बोझा हो। जब इससे भी बड़ा हो जाता है तो किसी के प्रेम-पाश में बंधकर इस तरह विरह-वेदना में निश्वासें छोड़ा करता है जैसे धातु गलाने वाली भट्टी से धुआँ निकला करता है और फिर अपनी प्रियतमा के लुभावने नेत्रों की प्रशंसा में बैठकर गीत लिखा करता है। इसके पश्चात् उस सिपाही की स्थिति में हम

उसे देखते हैं जो विदेशी भाषा में प्रायः सौगन्ध खाया करता है और एक तेंदुए के बालों की तरह भयावनी दाढ़ी बढ़ा लेता है और जो अपने सम्मान की सबसे अधिक चिन्ता करता है और अपने नाम तथा यश के लिए तोप के मुँह के सामने खड़े होने में तनिक भी भय नहीं खाता। लड़ाई-झगड़े के लिए तो वह हर समय तत्पर रहता है। इसके पश्चात् हम उसे मोटे पेट वाले न्यायाधीश के रूप में देखते हैं, जो स्वादिष्ट भोजन करने का शौकीन होता है और जिसकी आँखें तेज होती हैं और बहुत ही शानदार ढंग से कटी दाढ़ी होती है। अपनी बातचीत के बीच में वह न जाने कितनी ही रहस्य-भरी पहेलियाँ-सी कहता है और कितने ही उदाहरण देता है। इस तरह इस रंगमंच पर वह अपना काम करता है। छठे अंक में वह एक मरियल विदूषक का काम करता है जो अपने पैरों में तो 'स्लिपर' पहनता है; नाक पर चश्मा रखता है और अपनी बगल में एक थैला। वे मोजे जो उसने आगे के दिनों के लिए बचाकर रख छोड़े थे, अब उसकी पतली टाँगों के लिए बहुत बड़े पड़ते हैं और उसकी आवाज़ के तो कहने ही क्या हैं। जहाँ पहले थोड़ी मरदानी आवाज़ थी अब तो बिलकुल बच्चों की-सी पतली आवाज़ में ही वह बोलता है। अब सबसे अंतिम दृश्य जिससे यह विचित्र घटना-प्रधान नाटक समाप्त होता है, वह है दूसरा बचपन जहाँ पूर्वस्मृतियाँ पूरी तरह मिट-सी जाती हैं। मनुष्य के न तो उस समय दाँत बचते हैं, न आँखों की ज्योति ही और न कोई मुँह का स्वाद। वास्तव में उस समय तो मस्तिष्क तथा शरीर की सारी शक्ति नष्टप्राय-सी हो जाती है।

[आदम के साथ ऑरलेंडो का पुनः प्रवेश]

**ज्येष्ठ ड्यूक :** आओ, स्वागत है। वृद्ध पुरुष को बिठा लो और आओ उसे खाना खिला लो।

**ऑरलेंडो :** उसके लिए मैं आपको बहुत धन्यवाद देता हूँ।

**आदम :** वास्तव में आप धन्यवाद के पात्र हैं। मैं अपनी तरफ से भी आपको

धन्यवाद देता हूँ, यद्यपि मैं बड़ी कठिनाई से बोल पा रहा हूँ।

**ज्येष्ठ ड्यूक** : तो आओ, पहले खाना खाओ। मैं तुमसे तुम्हारे जीवन-सम्बन्धी कोई प्रश्न नहीं पूछूँगा।

**गीत**

**अर्मींस** : शीत की बह-बह कठिन बयार!
वेग से कर लो मुझपर वार!
मनुज की कृतघ्नता की भाँति
काटती तू न कभी दुर्दान्त,
न तेरा उतना पैना दाँत!
देख जो तुझे न पाती आँख!
भले है तेरा श्वास कृतान्त!!
चलो हे चलो कि गाओ झूम
हरी झाड़ी को झूमो देख
मिताई बहुत एक छल मात्र,
बहुत कर प्रेम मूर्खता एक
हरी है छविमय धरती बड़ी,
ज़िन्दगी है मस्ती का नाम!
क्रूर नभ! जमा जा हिमा-सा वज्र!
किन्तु फिर भी तू रहे अकाम?
भुलाई कृतज्ञता की भाँति
न तू कर सकता कभी अशान्त,
जलों की ले आकृतियाँ छीन
किन्तु तेरा है डसना दीन।
नहीं उसमें विष-तीव्र कठोर,
मीत के अविश्वास-सा घोर
चलो हे चलो कि गाओ झूम।

**ज्येष्ठ ड्यूक :** यदि तुम सर रोलैंड के पुत्र हो, जैसा तुमने अपनी बातचीत में संकेत दिया है, और यदि मेरी आँखें धोखा नहीं दे रही हैं तो तुम शक्ल-सूरत से बिलकुल वही लगते हो। आओ, मैं तुम्हारा स्वागत करता हूँ। क्या तुम जानते हो कि मैं वही ड्यूक हूँ जो तुम्हारे पिता से बहुत प्रेम करता था? अब चलो और मेरे स्थान पर चलकर मुझे अपने जीवन की अन्य बातें भी बताओ। वृद्ध महानुभाव! तुम्हारे स्वामी की तरह तुम्हारा भी स्वागत है। *(ऑरलेंडो)* देखो, थोड़ा उसे हाथ का सहारा दो और मुझे अपना हाथ दो और अब मुझे अपने जीवन की सारी बातें सुनाओ।

# तीसरा अंक

## दृश्य 1

[महल का प्रकोष्ठ]

[ड्यूक फ्रैडरिक का ओलिवर तथा सरदारों के साथ प्रवेश]

**फ्रैडरिक :** तब से उसे देखा तक नहीं? नहीं, नहीं महाशय, यह कभी नहीं हो सकता। क्या बताऊँ मेरे स्वभाव में इतनी अधिक दया है, यदि यह न होती तो मैं अभी बेकार के कारणों में न बँधकर तुम्हें इसका बदला चुकाता! लेकिन फिर भी कान खोलकर सुन लो, जहाँ कहीं भी हो अपने भाई को खोजकर लाओ। संसार के किसी भी कोने में वह क्यों न छिपा हो, उसे मृत या जीवित हमारे सामने उपस्थित करो। इसके लिए हम एक वर्ष की तुम्हें अवधि देते हैं। यदि इस बीच में तुम उसे न ला सके तो समझ लो, तुम्हें हमारे राज्य में रहने या जीविकोपार्जन करने की अनुमति नहीं दी जाएगी और तुम्हारी सारी ज़मीन और इसके अतिरिक्त वे सभी वस्तुएँ, जिन्हें तुम अपनी कहते हो, तुमसे छीन ली जाएँगी। वे तुम्हें तब तक वापिस नहीं मिलेंगी जब तक तुम्हारे भाई के मुँह से कुछ सुनकर, तुम्हारे विषय में बनाई हुई हमारी धारणा निर्मूल सिद्ध न हो जाए।

**ओलिवर :** पर हे स्वामी, आप तो मेरे हृदय की बात अच्छी तरह जानते हैं। मैंने तो जीवन में कभी भी अपने भाई से प्रेम नहीं किया।

**फ्रैडरिक :** नहीं, तुम तो उससे भी अधिक ढीठ हो। कोई है, इसे यहाँ

से निकालकर बाहर करो! और कुछ कर्मचारियों को भेजकर इसकी ज़मीन-जायदाद और घर को तुरन्त अधिकार में कर लो और इसे हमारे राज्य से बाहर जाने का रास्ता दिखा दो।

## दृश्य 2

**[ऑरलेंडो का एक कागज़ लिए हुए प्रवेश]**

**ऑरलेंडो :** हे मेरी कविता! मेरे हृदय में अपनी प्रेयसी के लिए कितना असीम प्रेम है, इसे दूसरों को सही रूप में बताने के लिए तुम यहाँ टँग जाओ और हे तीन मुकुटों से सुशोभित रात्रि की रानी! तुम ल्यूना की तरह रात्रि में सर्वत्र राज्य करती हो। अपने उस पीले आकाश से अपनी पवित्र दृष्टि घुमाकर मेरी ओर देखो तो, या दूसरी स्थिति में 'डाइना' (**चन्द्रमा**) की तरह तुम जीवन के सभी कार्यों में मुझे राह दिखाती हो। ओ रोज़ालिंड! अब ये वृक्ष ही मेरे लिए पुस्तकें होंगी और उन्हीं के वक्षस्थल पर मैं अपने प्रणय की भावनाओं को व्यक्त करूँगा, जिससे जो कोई भी इस वन में होकर जाएगा, वह चारों ओर तेरे नाम और गुणों को बिखरा हुआ देखेगा। चल ऑरलेंडो, अब तनिक भी विलम्ब मत कर। प्रत्येक वृक्ष पर उस अकथनीय शील और सौन्दर्य की देवी के नाम और गुणों को अंकित कर दे।

**[कोरिन तथा टचस्टोन का प्रवेश]**

**कोरिन :** कहो मास्टर टचस्टोन, यह तो बताओ कि तुम्हें यह चरवाहे का जीवन कैसे पसन्द है?

**टचस्टोन :** निस्सन्देह, जहाँ तक चरवाहे का जीवन अपने-आप तक सीमित है, मुझे अच्छा लगता। पर चूँकि यह चरवाहे का जीवन है, इसीलिए अच्छा भी नहीं है। जहाँ तक इसमें एकान्त है, मुझे यह बहुत ही पसन्द आता है, पर जब सोचता हूँ कि यह तो अपने आप में ही

बँधा जीवन है और जीवन के अन्य क्षेत्रों में इसका सम्बन्ध नहीं है, तो मेरी तबीयत इससे फिर जाती है, इसके अतिरिक्त जहाँ तक खेतों से इसका सम्बन्ध है, तब तो यह जीवन भला मालूम होता है; पर राजदरबार से इसका कोई भी सम्बन्ध न होने के कारण, यह जीवन मुझे कठिन-सा लगता है। जहाँ तक यह अवकाश और मितव्ययिता का-सा जीवन है, वहाँ तक तो मेरी तबीयत को अच्छा लगता है; पर जब यह सोचता हूँ कि इसमें तो कुछ अधिक मिलता ही नहीं, तब ज़रा मेरे पेट के स्वार्थ के विपरीत यह जीवन पड़ता है। लेकिन ऐ चरवाहे, क्या तू कोई दार्शनिक है?

**कोरिन :** मैं तो कुछ अधिक नहीं जानता, केवल इतना ही जानता हूँ कि जो व्यक्ति जितना अधिक अस्वस्थ रहता है वह उतना ही अधिक दुःखमय जीवन बिताता है। जिसके पास धन, साधन और सन्तोष नहीं होता, तो समझ लो उसने अपने जीवन के तीन अच्छे मित्रों को खो दिया। जैसे कि वर्षा सभी वस्तुओं को भिगो देती है, अग्नि सबको जला देती है, अच्छी चरागाह से भेड़ें खूब खाकर मोटी हो जाती हैं, रात्रि के गहन अन्धकार में सूर्य का प्रकाश नहीं होता, उसी तरह जिस व्यक्ति में कोई साधारण सूझ-बूझ और चतुराई नहीं होती, वह तो इसके लिए अपने जीवन में अच्छी शिक्षा तथा अच्छे पालन-पोषण के अभाव को ही दोषी ठहरा सकता है।

**टचस्टोन :** ऐसा व्यक्ति ही तो स्वभाव से दार्शनिक होता है। क्या राजदरबार में ऐसा कोई अभी तक हुआ चरवाहे?

**कोरिन :** सच, कोई भी नहीं।

**टचस्टोन :** तब तो तुम्हें धिक्कार है।

**कोरिन :** नहीं-नहीं, उसकी मुझे अभी आशा है।

**टचस्टोन :** सच, तुम तो उस अण्डे की तरह हो, जो एक तरफ से कुछ पकता है और बाकी कच्चा रह जाता है। तुम्हें धिक्कार है।

**कोरिन :** किसलिए? तुम्हारा मतलब है, इसलिए कि मैं राजदरबार में नहीं हूँ?

**टचस्टोन :** पर यदि तुम राजदरबार में कभी भी नहीं रहे होते, तो तुम शिष्टाचार का मुँह तक न देखते और यदि तुममें शिष्टाचार न होता, तो तुम्हारा व्यवहार पूरी तरह धृष्टतापूर्ण होता। धृष्टता पाप है और पाप धिक्कारणीय वस्तु है ही। इस तरह तुम ऐसी विचित्र स्थिति में फँस गए हो चरवाहे! जहाँ से निकलना बड़ा कठिन है।

**कोरिन :** बिलकुल भी नहीं, टचस्टोन! सुनो, जिनमें राजदरबार का शिष्टाचार होता है वे ग्रामवासियों के बीच बिलकुल हास्यप्रद प्रतीत होते हैं। इसी तरह ग्रामवासियों का व्यवहार राजदरबार में प्रतीत होता है। जैसे तुमने कहा है कि तुम दरबार में झुककर अभिवादन नहीं करते, बल्कि अपने हाथों को चूमते हुए अभिवादन करते हो, तो यदि ये सभी दरबारी, मान लो, चरवाहे हों, तो तुम्हारा यह व्यवहार उनके बीच बहुत ही भद्दा प्रतीत हो।

**टचस्टोन :** अच्छा, ज़रा संक्षेप में इसका उदाहरण तो दो।

**कोरिन :** लो, जानते हो, तुम भेड़ों को लगातार पकड़े ही रहते हैं, पर उनके शरीर पर बाल कितने चिकने और लुबलुबे होते हैं?

**टचस्टोन :** तो क्या इस तरह तुम्हारे राजदरबारियों के हाथों में पसीना नहीं आता और पसीने का लुबलुबापन क्या माँस के लुबलुबेपन की तरह नहीं होता? कुछ नहीं, क्षुद्र उदाहरण है। मैं कहता हूँ कोई अच्छा-सा उदाहरण दो।

**कोरिन :** इसके अतिरिक्त हमारे हाथ सख्त होते हैं।

**टचस्टोन :** लेकिन बहुत शीघ्र ही तुम्हारे होंठ इसका अनुभव कर लेंगे। फिर वही क्षुद्र उदाहरण। कोई अधिक उचित लगने वाला उदाहरण दो।

**कोरिन :** उन ग्रामवासियों के हाथ तो हमारी भेड़ों के घावों की परिचर्या करते हुए सने रहते हैं; क्या तुम उनसे यह कहोगे कि जैसे राजदरबारियों के हाथ 'सिवेट'[1] से सुगन्धित रहते हैं वैसे उन्हीं की

---

1. सिवेट (Civet) जैसे हरिण की नाभि से कस्तूरी प्राप्त होती है, उसी तरह की सुगन्धित वस्तु 'सिवेट' किस्म की बिल्ली के शरीर से प्राप्त होती है, जिसे पुराने समय में लोग काफी प्रयोग में लाते थे।

तरह अपने सने हाथों को हमें भी चूम लेना चाहिए।

**टचस्टोन :** अरे, तुम तो बहुत ही छिछले आदमी हो। तुम तो अच्छे माँस की तुलना में ऐसे सड़े-गले माँस हो, जिसे केवल कीड़े की खा सकते हैं। बुद्धिमानों से कुछ सीखकर सारमय बातें करो। 'सिवेट' तो भेड़ की दवा से कहीं निचले किस्म की वस्तु होती है। अपने उदाहरण में कुछ सुधार करो चरवाहे!

**कोरिन :** तो तुम्हारी राजदरबार की समझ-बूझ से मेरी पार नहीं पड़ सकती। मैं तो अब आराम करूँगा।

**टचस्टोन :** क्या तुम आराम करोगे क्षुद्र मूर्ख? धिक्कार है तुम्हें! ईश्वर तुम्हारी सहायता करे और तुममें खोदकर कुछ बुद्धि भर दे। तुम तो निरे मूर्ख हो!

**कोरिन :** महाशय, मैं तो सच्चा मजदूर हूँ। जो मैं खाता हूँ और पहनता हूँ उसके लिए स्वयं मेहनत करके कमाता हूँ। न तो मैं किसी से घृणा करता हूँ और न किसी के भाग्य से ईर्ष्या करता हूँ बल्कि दूसरों की अच्छाई से तो मुझे स्वयं प्रसन्नता होती है। यदि मुझे कोई हानि सहनी पड़ती है तो मैं अपने-आप उसके लिए सन्तोष कर लेता हूँ। जब मैं अपनी भेड़ों को चरता हुआ और उनके मेमनों को उनका दूध पीता हुआ देखता हूँ तो सबसे अधिक गर्व से मेरा हृदय फूल उठता है। लो, मेरी नई स्वामिनी का भाई गैनीमीड यहाँ आ रहा है।

**[रोज़ालिंड का एक पत्र पढ़ते हुए प्रवेश]**

**गीत**

**रोज़ालिंड :**     सकल चराचर में उस जैसा

रत्न नहीं रे,

भार वहन कर उसके यश का

पवन बही रे,

उसकी छवि को अंकित कर दे

ऐसा कहाँ चितेरा,
उसके मुख को भूल जाए जो
ऐसा कहीं नहीं रे?

[**मूल गीत का अर्थ : पूर्व से पश्चिम सिन्धु तक रोज़ालिंड-सा कोई रत्न नहीं। उसका नाम पवन पर चढ़कर सकल लोक में व्याप्त हो रहा है। समस्त चित्र भी उसकी छवि के सामने असुन्दर है। रोज़ालिंड के अतिरिक्त कोई और मुख स्मृति में नहीं रखा जा सकता।]**

टचस्टोन : क्या हुआ, ऐसी कविताएँ तो मैं केवल भोजन और सोने के समय को छोड़कर आठ साल तक लगातार बनाता रहूँ। इसकी पंक्तियाँ एक के बाद एक, इस मामूली ढंग से जुड़ती हैं, जैसे मक्खन बेचनेवाली गूजरियाँ बाज़ार में एक के बाद एक पंक्ति-सी बनाकर लाती हैं।

रोज़ालिंड : चुप मूर्ख, चला जा यहाँ से!

टचस्टोन : लो, न मानो तो मैं तुम्हें एक नमूना सुना देता हूँ।

**गीत**

यदि एक तरुण को साथिन चाहिए
तो वह रोज़ालिंड को ढूँढे,
वह बिल्ली की तरह अपनी स्त्री-जाति की
सहेलियाँ ही पसन्द करती है, वह तन्ची है
फसल काटने वालों को पहले
गाड़ियों में बालें बाँधकर रखनी होंगी,
तभी वे रोज़ालिंड के साथ जा सकती हैं;
वह बाहर से कठोर है, पर भीतर से दयालु,
जैसे होता है अखरोट।
वह सुन्दर गुलाब है, जो उसे चाहता है
वह उसके काँटों के लिए भी तैयार रहे।

ये पंक्तियाँ तो ऐसी बेजोड़ और ऊबड़-खाबड़ हैं जैसे किसी घोड़े

की छलांगें। तुम्हें इसमें इतना अधिक आनन्द कैसे आ रहा है?

**रोज़ालिंड :** चुप रह ओ मूर्ख, मुझे तो ये पंक्तियाँ एक वृक्ष पर टँगी हुई मिली हैं।

**टचस्टोन :** निस्सन्देह, तब तो वृक्ष बहुत बुरे फल देता है।

**रोज़ालिंड :** पर सच पूछो तो उस बुरे फल की तुलना मैं तुमसे ही करूँगी, और तुम्हारे रूप में ही मैं उसकी तुलना उस फल से करूँगी, जो सड़ने पर खाया जाता है। लेकिन हाँ, तब वह फल वन में सबसे पहले आनेवाला फल होगा क्योंकि तुम्हारी बात तो यह है कि तुम आधे पकने भी न पाओगे उससे पहले ही सड़ने लगोगे क्योंकि 'मैडलर' नाम के फल का, जिससे तुम्हारी तुलना की गई है, यही गुण होता है।

**टचस्टोन :** तुमने जो कहना था कह लिया। लेकिन यह तो वह वन ही निर्णय करेगा कि तुम्हारे इन शब्दों में कितनी बुद्धिमत्ता या कितनी मूर्खता है

[सीलिया का कुछ पढ़ते हुए प्रवेश]

**रोज़ालिंड :** थोड़ा शान्त रहो, देखो, मेरी बहिन कुछ पढ़ती हुई आ रही है। थोड़ा हटकर खड़े हो जाओ।

**गीत**

**सीलिया :** इस वन में निर्जनता है, तो क्या
ऐसे ही ये उदास लगे?
नहीं। मैं पेड़ों को बोलने की शक्ति दूँगा,
ताकि वे सभ्य समाज में प्रयुक्त वचनों को बोल सकें,
कुछ बताएँगे मनुष्य-जीवन-यात्रा के पथ की
नश्वरता को,
कि वह कितना अल्प और सीमित है।
कुछ बताएँगे उस मित्रता को

जिसमें वचन नहीं रक्खे जाते,
किन्तु पत्तों के सुन्दरतम भाग—परों में
सुन्दरी रोज़ालिंड का नाम लिखूँगा।
सबको उसे पढ़ाऊँगा—
आत्मा की वास्तविकता
दिखाने को, जो कि
परमात्मा ने छोटी से छोटी वस्तु में
प्रकट की है।
इसीलिए उसने प्रकृति को आज्ञा दी
कि एक ही स्त्री में सारा सौन्दर्य भर दिया जाए।
तुरन्त उसने आज्ञा का पालन किया
और ट्रॉय की हेलेन का सुन्दर मुख बनाया,
परन्तु उसकी अस्थिर ओर प्रतारक प्रकृति
उसमें नहीं रखी।
उसमें क्लियोपैट्रा का गौरव मिलाया,
ऐटलाण्टा की चपलता और ल्यूक्रीशिया
का गाम्भीर्य और लज्जा।
इस प्रकार देवताओं की सभा ने रोज़ालिंड का
निर्माण किया।
समस्त प्रिय मूल्यों का वह आगार बनी
और परमात्मा की इच्छा हुई कि में उसका आमरण
दास बनकर रहूँ।

**रोज़ालिंड :** ओ मेरे अत्यधिक नम्र उपदेशक! ऐसा प्रेम का कौन-सा कठिन उपदेश तुमने लोगों को दिया है जिससे वे ऊब गए हैं और तुम अभी तक कुछ नहीं पुकारे। सब्र रखो, मेरे अच्छे लोगो!

**सीलिया :** अच्छा तो मेरे मित्रो, अब वापिस जाओ। चरवाहे! तुम थोड़ी दूर चले जाओ और इसके साथ तुम भी चले जाओ टचस्टोन!

**टचस्टोन** : आओ चरवाहे, चलो सम्मानपूर्वक पीछे लौट चलें। चाहे पूरे बोरिये-बिस्तर के साथ न चलें, तो भी अपने साथ यह हस्तलिखित पत्र तो ले ही चलें।

**[कोरिन तथा टचस्टोन का प्रस्थान]**

**सीलिया** : क्या तुमने ये गीत सुने?

**रोज़ालिंड** : हाँ, अवश्य बहिन, मैंने ये सभी सुने और कुछ अधिक भी; क्योंकि इनमें साधारण गीतों से कुछ अधिक चरण थे।

**सीलिया** : यह कोई विशेष बात नहीं है। इन चरणों पर गीत स्थित भी हो सकते हैं।

**रोज़ालिंड** : नहीं, ये चरण लंगड़े थे और यदि ये इन्हें न सम्भालते, तो स्वयं अपने-आपको नहीं सम्भाल पाते। इसलिए गीत में ये बेतुके-लंगड़े दीखते हैं।

**सीलिया** : लेकिन क्या तुमने यह सुनकर आश्चर्य नहीं किया कि तुम्हारा नाम किस तरह चारों ओर पेड़ों पर टँगा हुआ और खुदा हुआ है?

**रोज़ालिंड** : क्यों नहीं, तुम्हारे आने से पूर्व, मैं नौ दिनों में से सात दिनों तक, यही आश्चर्य करती रही कि यह कुछ क्या है, क्योंकि देखो, मैंने यह पत्र पाम वृक्ष के ऊपर टँगा हुआ पाया। सच 'पाइथॉगोरस' के समय से अब तक मेरे ऊपर किसी ने ऐसे गीत नहीं लिखे। हाँ, उस समय मुझे 'आइरिश चुहिया' कहकर अवश्य पुकारा जाता था। पर उसकी मुझे कुछ भी याद नहीं है।

**सीलिया** : तुम क्या सोचती हो बहिन, यह किसने किया है?

**रोज़ालिंड** : क्या यह कोई पुरुष है?

**सीलिया** : अवश्य, वही, याद करो कि जिसके गले में तुमने अपनी वह ज़ंजीर पहनाई थी, जिसे तुम स्वयं पहने हुए थीं। क्यों, तुम्हारे चेहरे का रंग यह सुनकर एकसाथ कैसे बदल गया!

**रोज़ालिंड** : मैं विनय करती हूँ बहिन, बताओ वह कौन है?

**सीलिया** : हे ईश्वर! बिछड़े मित्रों का पुनर्मिलन भी कैसा कठिन है, पर

क्यों? जब पर्वत तक भूकम्प के कारण अपना स्थान छोड़कर एक-दूसरे से टकरा जाते हैं तो यह क्यों नहीं हो सकता?

**रोज़ालिंड :** नहीं, नहीं, मुझे बताओ तो वह कौन है?

**सीलिया :** क्या यह सम्भव है कि तुम उसे नहीं जानतीं?

**रोज़ालिंड :** मैं तुमसे अत्यन्त नम्रतापूर्वक निवेदन करती हूँ बहिन, मुझे बता दो कि वह कौन है?

**सीलिया :** ओह, आश्चर्यजनक, आश्चर्यजनक, अत्यधिक आश्चर्यजनक! फिर आश्चर्यजनक और यहाँ तक कि उसके भी परे।

**रोज़ालिंड :** यह मेरा पुरुष-वेश भी कैसा विचित्र है! पर यह समझ लो कि चाहे मैंने यह वेश बना लिया है, पर उसके नीचे छिपा मेरा स्त्रियोचित स्वभाव कभी नहीं मिट सकता। यदि तुम एक पल भी बताने में देरी करोगी तो समझ लो, विशाल दक्षिण-सागर की तरह इस बीच न जाने कितने अनगिनत प्रश्न मैं तुमसे कर डालूँगी। मुझे शीघ्र बताओ कि वह कौन है, मैं तुमसे प्रार्थना करती हूँ, बोलो! जिस तरह छोटी मुँह वाली शराब की बोतल से शराब कभी एक साथ अधिक निकल पड़ती है और कभी बिलकुल नहीं आती, इसी तरह अपने मुँह से कहकर मुझे बताओ कि वह कौन है? मैं इसके लिए अत्यधिक आतुर हूँ। शीघ्र अपना मुँह खोलो और उससे निकले शब्दों का मुझे पान करने दो। क्या वह कोई दिव्य मूर्ति है? किस प्रकार का मनुष्य है वह! क्या वह सिर पर टोप पहनता है और क्या उसके दाढ़ी भी है?

**सीलिया :** नहीं, उसके केवल एक छोटी-सी दाढ़ी है।

**रोज़ालिंड :** खैर, यदि उस मनुष्य में कृतज्ञता का भाग हो तो ईश्वर की कृपा से दाढ़ी भी बढ़ जाएगी। पर मुझे इसकी कोई विशेष चिन्ता नहीं कि वह कब तक बड़ी होगी। मुझे तो यह बताओ कि वह कौन है। विलम्ब न करो, बहिन।

**सीलिया :** वही नवयुवक ऑरलेंडो, जिसने एक ही क्षण में उस पहलवान

पर और तुम्हारे हृदय पर विजय प्राप्त की थी।

**रोज़ालिंड :** क्या? नहीं, नहीं, यह हँसी-मज़ाक छोड़ो और सच-सच गम्भीर होकर बताओ, बहिन।

**सीलिया :** विश्वास करो, सच, वही है।

**रोज़ालिंड :** ऑरलेंडो?

**सीलिया :** हाँ, ऑरलेंडो।

**रोज़ालिंड :** हाय! कैसी आपत्ति का समय है! अब मेरे इस पुरुष-वेश का क्या होगा? पर यह बताओ सीलिया, कि जब तुमने उसे देखा था उस समय वह क्या कर रहा था? क्या कहा था उसने? वह कैसा दिखता था? कहाँ चला गया वह? ऐसी क्या बात हुई कि वह यहाँ आया? यह बताओ बहिन, कि क्या वह मेरे बारे में कुछ पूछ रहा था? कहाँ रहता है वह? तुमसे मिलकर किस तरह वह अलग हुआ? बताओ तो कि अब वह तुम्हें कहाँ मिल सकेगा? मेरी बहिन, इन सब प्रश्नों का एक शब्द में मुझे उत्तर दे दो।

**सीलिया :** इसके लिए तो मुझे 'गरगैंचुआ' नामक दैत्य का-सा विशाल मुख कहीं से माँगकर ला दो क्योंकि साधारण मनुष्य के मुख से तो इतना बड़ा शब्द निकल ही न सकेगा। इसके अतिरिक्त इन प्रश्नों के उत्तर में हाँ या न कहना भी उतना ही कठिन है जैसे इंजील के कथन पर कोई प्रश्न करना।

**रोज़ालिंड :** पर यह तो बताओ कि क्या उसे मालूम है कि मैं पुरुष-वेश में इसी वन में हूँ और क्या अब वह उतना ही स्वस्थ और सुन्दर दीखता है जैसे कि उस दिन था जब उसने चार्ल्स पर विजय प्राप्त की थी?

**सीलिया :** सच, छोटे से छोटे कणों को गिनना कहीं अधिक आसान है पर किसी प्रेमी के बारे में किए गए प्रश्नों को गिनना उतना आसान नहीं है। लो, मैं तुम्हें बताती हूँ कि वह मुझे कैसे मिला और इसी का मीठा स्वाद लेकर तुम अपनी भूख को मिटा लेना। मैंने उसे

एक वृक्ष के नीचे टूटकर गिरे हुए फल की तरह पड़े हुए पाया।

**रोज़ालिंड** : ओह, तब अवश्य ही वह स्वर्ग का कोई वृक्ष है जिसमें से ऐसा फल टूटकर गिरा।

**सीलिया** : अच्छा श्रीमतीजी, अब थोड़ी मेरी बात सुनो।

**रोज़ालिंड** : हाँ, हाँ, कहो।

**सीलिया** : वहाँ पर वह किसी घावों से जर्जरित सैनिक की भाँति पड़ा हुआ था।

**रोज़ालिंड** : ओह, यद्यपि उसे इस तरह पड़ा देखकर हृदय में करुणा उमड़ आती है, पर ठीक है, उसकी वह दशा इस स्थान के उपयुक्त ही है।

**सीलिया** : थोड़ा अपनी जीभ को थामकर बोलो। देखो, इससे बे-सिर-पैर की अनर्गल बातें निकल रही हैं। उसकी एक शिकारी की सी वेश-भूषा थी।

**रोज़ालिंड** : हाय! तब तो वह मेरे हृदय का शिकार करने आया है।

**सीलिया** : मैं तो यह सारा गीत बिना किसी बोझ का अनुभव किए गाना चाहती थी, पर तुम बार-बार बीच में बोलकर मुझे रोक देती हो।

**रोज़ालिंड** : हाँ, पर मेरी प्यारी, क्या तुम जानती नहीं कि मैं एक स्त्री हूँ? जब भी मेरे मस्तिष्क में कोई बात आती है तभी मैं बोल पड़ती हूँ। इसलिए आगे कहो।

**सीलिया** : मेरी प्यारी बहिन, तुम मुझसे कुछ कहलवाना चाहती हो, तो देखो? क्या वही यहाँ नहीं आ रहा है?

[ऑरलेंडो तथा जैक्स का प्रवेश]

**रोज़ालिंड** : यह तो वही है। आओ, थोड़ा छिपकर उसे देखें।

**जेक्स** : तुम्हारे साथ रहने के लिए मैं तुम्हें धन्यवाद देता हूँ, पर वैसे तो यदि मैं अकेला भी रहता तो भी उतना ही प्रसन्न रहता।

**ऑरलेंडो** : और उसी तरह मैं भी, लेकिन फिर भी शिष्टाचार के नाते मैं तुम्हारे संग-साथ के लिए तुम्हें धन्यवाद देता हूँ।

**जेक्स :** ईश्वर तुम्हारी सहायता करे। जब कभी भी सम्भव होगा फिर मिलेंगे।

**ऑरलेंडो :** मैं तो यह चाहता हूँ कि हम और भी अधिक अपरिचित हो जाएँ।

**जेक्स :** मेरी तुमसे बस एक प्रार्थना है कि अब इन पेड़ों की छालों को अपने प्रणय-गीत लिखकर न बिगाड़ो।

**ऑरलेंडो :** मेरी तुमसे यह प्रार्थना है कि इस तरह अपनी उपेक्षा-भरी दृष्टि लेकर मेरे इन गीतों को पढ़ते हुए इनका सारा सौन्दर्य और माधुर्य नष्ट न करो।

**जेक्स :** तुम्हारी प्रेयसी का नाम रोज़ालिंड है न?

**ऑरलेंडो :** हाँ, वही।

**जेक्स :** मुझे इसका नाम पसन्द नहीं है।

**ऑरलेंडो :** पर जब उसका नामकरण-संस्कार हुआ था उस समय उसके सामने यह कोई प्रश्न नहीं था कि तुम्हें उस नाम से प्रसन्न किया ही जाए।

**जेक्स :** कैसा डीलडौल है उसका?

**ऑरलेंडो :** ठीक उतनी ऊँची जैसा मेरा हृदय है।

**जेक्स :** उत्तर तो तुम बहुत सुन्दर देते हो। क्या इसके लिए तुमने स्वर्णकारों की सजी-धजी स्त्रियों को देखा है और क्या उन्हीं की सुन्दर फूल-पत्तियों से सजी अँगूठियों से तुमने इन उत्तरों को सीखा है?

**ऑरलेंडो :** नहीं, यह बात नहीं है। मैं तो उस रंग-बिरंगे चित्रों से चित्रित कपड़े से, जिससे तुमने अपने प्रश्नों को सीखा है, यह सब सीखकर अपने उत्तर देता हूँ।

**जेक्स :** तुम्हारी बुद्धि तो बड़ी तीव्र है। मेरा विचार है कि शायद अटलान्टा महाधावनी की एड़ियों से तुम्हारी यह बुद्धि बनी है। आओ, क्या तुम मेरे साथ बैठोगे? और हम अपनी प्रियतमा की तुलना में सारे संसार को तथा अपने सारे दुःख को बुरा नहीं कहेंगे।

**ऑरलेंडो :** मैं अपने सिवाय किसी भी प्राणी के विरुद्ध बुरा नहीं कहूँगा क्योंकि मैं जानता हूँ कि मुझ में ही बहुत दोष हैं।

**जेक्स :** सबसे बड़ा दोष तो यह है कि तुम प्रेम करते हो।

**ऑरलेंडो :** यह दोष है तो इसके बदले में मुझे तुम्हारा बड़े से बड़ा गुण नहीं चाहिए। मैं तुम्हारे साथ रहने से पूरी तरह ऊब गया हूँ।

**जेक्स :** लेकिन सच पूछो तो जब मैंने तुम्हें पाया, उस समय मैं किसी मूर्ख की खोज में था।

**ऑरलेंडो :** वह तो इस झरने में डूब गया है। थोड़ा इसके ऊपर झुककर देखो तो तुम्हें उसकी शक्ल दीख जाएगी।

**जेक्स :** उसमें तो मुझे अपनी शक्ल दीखेगी।

**ऑरलेंडो :** वही तो। उसे चाहे मूर्ख कह लो या कोई नाकारा आदमी।

**जेक्स :** मैं तुम्हारे साथ अधिक देर तक नहीं ठहरूँगा। अच्छा प्रेममय श्रीमान् जी! अब विदा।

**ऑरलेंडो :** इससे मुझे बड़ी प्रसन्नता है। अच्छा दुःखमय श्रीमान् जी, अलविदा।

[जेक्स का प्रस्थान]

**रोज़ालिंड :** *(सीलिया से)* मैं थोड़ी खिंचकर इससे बातें करूँगी और अपने इस पुरुष-वेश के कारण मैं इसे, देखो, अभी मूर्ख बनाती हूँ। *(ऑरलेंडो से)* ऐ वनवासी! सुनो!

**ऑरलेंडो :** जी, कहिए।

**रोज़ालिंड :** क्या तुम कृपा करके बताओगे कि इस समय घड़ी में क्या बजा होगा?

**ऑरलेंडो :** इस वन में घड़ी कहाँ है, पूछो कि दिन का क्या समय हुआ है अब।

**रोज़ालिंड :** तब तो ऐसा मालूम होता है कि इस वन में कोई भी सच्चा प्रेमी नहीं है, नहीं तो उसके प्रत्येक मिनट निःश्वास भरने से और प्रत्येक घण्टा अपनी प्रेयसी के लिए आहें भरकर कराहने से, क्या

समय की मन्द गति एक घड़ी की तरह ही मालूम नहीं होती रहती?

**ऑरलेंडो :** लेकिन समय की गति तीव्र क्यों नहीं?—क्या यह कहना उतना ही उचित नहीं होता?

**रोज़ालिंड :** किसी तरह नहीं श्रीमान्! समय विभिन्न मनुष्यों के साथ विभिन्न ही गति से चलता है। मैं तुम्हें बताऊँगा कि किसके साथ तो यह तीव्र गति से चलता है, किसके साथ मन्द गति से चलता है, किसके साथ ऐसी गति से चलता है जैसे घोड़े की दुलकी और किसके साथ यह मानो चलता ही नहीं।

**ऑरलेंडो :** तो मैं आपसे प्रार्थना करता हूँ। बताइए कि किसके साथ यह मन्द गति से चलता है?

**रोज़ालिंड :** एक नवयुवती के जीवन में उसके विवाह के निश्चित होने से विवाह होने के दिन तक यह अति मन्द गति से चलता है। यदि यह बीच की अवधि, केवल सात रातों की ही हो, तो भी समय की इस मन्द गति के कारण यह सात वर्षों के समान मालूम होती है।

**ऑरलेंडो :** किसके साथ समय तीव्र गति से चलता है?

**रोज़ालिंड :** उस पादरी के साथ जो लेटिन भाषा नहीं जानता और उस धनी मनुष्य के साथ जिसके चित्त को कोई व्याधियाँ नहीं होतीं क्योंकि पादरी तो इसलिए चैन से सोता है कि वह कुछ लिख-पढ़ नहीं सकता और धनी मनुष्य इसलिए सुख-चैन का जीवन बिताता है क्योंकि उसके जीवन में कोई दुःख और चिन्ता नहीं होती। इधर पादरी तो बेकार की, मनुष्य का खून सुखाने वाली पढ़ाई-लिखाई की आफत से बच गया, और धनी मनुष्य किसी तरह धनाभाव-सम्बन्धी परेशानी से बच गया। इस तरह इनके साथ समय तीव्र गति से चलता है।

**ऑरलेंडो :** किसके साथ समय घोड़े की दुलकी की तरह चलता है?

**रोज़ालिंड :** फाँसी के तख्ते की ओर जाते हुए चोर के साथ क्योंकि चाहे

वह भारी पैरों से धीरे-धीरे चलता हुआ उधर जाता है पर चित्त में तो अत्यन्त शीघ्र ही वहाँ पहुँच जाता है।

**ऑरलेंडो :** किसके साथ इसकी गति मानो होती ही नहीं?

**रोज़ालिंड :** अवकाश के समय में वकीलों के साथ क्योंकि उस अवकाश में वे ऐसी गहरी नींद सोते हैं कि उन्हें पता ही नहीं रहता कि समय की कोई गति है भी या नहीं।

**ऑरलेंडो :** सुन्दर नवयुवक! कहाँ रहते हो तुम?

**रोज़ालिंड :** जैसे 'पेटीकोट' की किनार होती है उसी तरह इस वन के किनारे पर अपनी इस भेड़ चराने वाली बहिन के साथ रहता हूँ।

**ऑरलेंडो :** क्या तुम यहीं के रहने वाले हो?

**रोज़ालिंड :** हाँ, ठीक उसी तरह जैसे कोई खरगोश जहाँ पलता है वहीं रहता है।

**ऑरलेंडो :** ऐसे निर्जन वन को देखते हुए तो तुम्हारी वाणी अत्यधिक मधुर मालूम होती है।

**रोज़ालिंड :** कई एक मेरे बारे में यही कहते हैं, पर निस्सन्देह मुझे मेरे एक बूढ़े धार्मिक वृत्ति वाले चाचा ने ही ऐसा बोलना सिखाया था। वे अपनी जवानी में सुसंस्कृत समाज में पले थे और प्रेम-विवाह करना अच्छी तरह जानते थे क्योंकि वहाँ उन्होंने प्रेम किया था। मैंने प्रेम के विरुद्ध उनके बहुत-से भाषण सुने हैं, और यह तो ईश्वर ने अच्छा किया कि मैं स्त्री नहीं हूँ, नहीं तो जो स्त्री जाति पर बुरे-बुरे लाँछन उन्होंने लगाए हैं उन्हें सुनकर मेरा हृदय अत्यन्त दुःखी होता।

**ऑरलेंडो :** स्त्री जाति के प्रति उन्होंने कौन-से विशेष दोष बताए, क्या तुम्हें कुछ याद हैं?

**रोज़ालिंड :** ऐसे विशेष कोई नहीं थे। वे सब दोष तो 'सिक्कों' की तरह एक-दूसरे के समान ही थे। प्रत्येक भयभीत कर देने वाला था और फिर एक के बाद एक इसी तरह थे।

**ऑरलेंडो :** कृपा करके कुछ तो उनमें से सुनाइए।

**रोज़ालिंड :** नहीं, मेरी औषधि तो केवल उन्हीं के लिए है जो वास्तव में रोगी हैं। कोई एक मनुष्य है, जो इस वन में भटकता फिरता है। वह 'रोज़ालिंड' नाम खोदकर नये-नये पौधों की छालों को बिगाड़ता फिरता है। कहीं झाड़ियों पर प्रशंसा-भरे गीत लिखकर लगाता है तो कहीं दूसरी झाड़ियों पर दुःख-भरे गीत लिखकर टाँगता फिरता है। इस तरह इस सबसे रोज़ालिंड के नाम की बदनामी कर रहा है। यदि मैं उस दीवाने प्रेमी से मिल पाता तो अवश्य कोई अच्छी सलाह उसे देता क्योंकि मालूम होता है कि प्रेम-रोग ने उसे ग्रस रखा है।

**ऑरलेंडो :** मैं ही वह प्रेम का रोगी हूँ। मैं प्रार्थना करता हूँ। मुझे अपनी औषधि बताइए।

**रोज़ालिंड :** लेकिन मेरे चाचा का-सा चिह्न तो तुम पर एक भी नहीं है। उन्होंने मुझे सिखाया था कि किस तरह प्रेम करने वाले को पहचानना चाहिए। इस तरह मुझे पूरा विश्वास है कि तुम उस प्रेम के पिंजरे के बन्दी नहीं हो, जिसमें से कोई भी आसानी से निकल नहीं सकता।

**ऑरलेंडो :** क्या चिह्न थे उनके?

**रोज़ालिंड :** बैठा हुआ गला जो तुम्हारा नहीं है। नीली और धंसी हुई आँखें जो तुम्हारी नहीं हैं। एक चिन्ता भरी हुई चित्तवृत्ति, तुममें नहीं है। तितरी-बितरी दाढ़ी जैसी तुम्हारी नहीं है। लेकिन, खैर, उसके लिए मैं तुम्हें क्षमा करता हूँ क्योंकि केवल एक दाढ़ी होना तो कोई विशेष बात नहीं है। इसके अतिरिक्त तुम्हारे मोजों में फीते नहीं कसे रहने चाहिए। तुम्हारे टोप में भी कोई फीता नहीं बंधा होना चाहिए और न तुम्हारी बाँहों में बटन होने चाहिए। तुम्हारे जूते भी ठीक तरह से बंधे नहीं होने चाहिए और इस तरह तुम्हारे साथ कोई भी वस्तु व्यवस्थित नहीं होनी चाहिए। लेकिन तुम इस तरह के मनुष्य नहीं हो। तुम तो अपनी वेश-भूषा तथा अन्य सभी वस्तुओं के बारे में इस तरह चौकन्ने मालूम होते हो कि मुझे तो लगता है कि तुम

किसी दूसरे को प्रेम करने की अपेक्षा अपने-आप से ही अधिक प्रेम करते हो।

**ऑरलेंडो :** ओ सुन्दर नवयुवक! काश, मैं तुम्हें विश्वास करा सकता कि मैं प्रेम करता हूँ।

**रोज़ालिंड :** मैं विश्वास करता हूँ और अब तुम जिससे प्रेम करते हो उसे जाकर विश्वास दिलाओ। उसके लिए भी मैं यह निश्चय से कहता हूँ कि और भी शीघ्र विश्वास कर लेगी पर इतना शीघ्र मुँह से नहीं कहेगी। स्त्रियों में प्रायः यह बात पाई जाती है कि इस तरह वे अपनी अन्तरात्मा की बात को झुठा जाती हैं। लेकिन कृपा करके मुझे यह बताओ कि तुम्हीं वह हो जो वृक्षों पर गीत टाँगते फिरते हो, जिनमें रोज़ालिंड के गुणों की प्रशंसा की गई है?

**ऑरलेंडो :** मैं रोज़ालिंड के गोरे हाथों की सौगन्ध खाकर कहता हूँ, नवयुवक! मैं वही ही हूँ! वही एक अभाग्यशाली मनुष्य।

**रोज़ालिंड :** लेकिन जितना तुम्हारे गीतों से मालूम होता है क्या उतना प्रेम तुम्हें अपनी प्रियतमा से नहीं है?

**ऑरलेंडो :** ओह, न कोई गीत और न ही बुद्धि यह बता सकती है कि मैं उससे कितना प्रेम करता हूँ।

**रोज़ालिंड :** प्रेम तो निरा पागलपन है और मैं यह कहूँगा जैसे पागलों के लिए अन्धेरी कोठरी और एक कोड़ा चाहिए उसी तरह प्रेम करने वालों को भी चाहिए। लेकिन क्यों उनको इस तरह का दण्ड देकर ठीक नहीं किया जाता है? उसका कारण यह है कि यह पागलपन इतना आम और साधारण है कि कोड़े मारने वाले भी तो प्रेम करते हैं। लेकिन फिर भी मैं कहूँगा कि सलाह देकर प्रेमियों को इस पागलपन से बचाना चाहिए।

**ऑरलेंडो :** क्या तुमने कभी किसी को इस तरह बचाया?

**रोज़ालिंड :** हाँ, एक को, और इसी तरह से। उसे मुझे अपनी कल्पित प्रेयसी मानना था। इस पर मैंने उसे प्रत्येक दिन अपने से प्रेमालाप करने

के लिए आने दिया और उस समय मैं चन्द्रमा की तरह प्रतिक्षण बदलने वाली नवयुवती की तरह व्यवहार करता। कभी दुःखी होता, कभी बिलकुल स्त्री का-सा व्यवहार करता, फिर बदल जाता। कभी मिलने के लिए आतुर हो जाता, फिर कभी अपने अभिमान को जगा लेता। कभी विचित्र हास्यास्पद दीखता, तो कभी बिलकुल क्षुद्र, अस्थायी मालूम होता। कभी खूब मुस्कराता। प्रबल भावना का थोड़ा-थोड़ा अंश मुझमें था, लेकिन कोई भी प्रबल भावना पूरी तरह नहीं थी। प्रायः अधिकतर स्त्री-पुरुष इसी रंग में रंगे होते हैं कि अभी तो उससे प्रेम करेंगे और दूसरे ही क्षण उससे घृणा करने लगेंगे। फिर उसे मनाकर प्रसन्न करेंगे पर तत्पश्चात् ही उसे छोड़ देंगे। अभी उसके लिए आँसू बहाएँगे और अभी उसकी तरफ थूकने लगेंगे। इस तरह मैंने अपने कल्पित प्रेमी को इस प्रेम के पागलपन से हटा कर, दूसरी तरह के अच्छे पागलपन में लगा दिया। वह पागलपन है, इस कोलाहल-भरे संसार को छोड़ना और अकेले किसी मठ में जाकर रहना। इस तरह मैंने उसकी चिकित्सा की और ऐसे ही मैं तुम्हारी चिकित्सा करके तुम्हारे हृदय को ऐसा स्वस्थ बना दूँगा जैसे एक स्वस्थ भेड़ का हृदय जिसमें प्रेम का एक धब्बा भी शेष नहीं रह जाएगा।

**ऑरलेंडो :** ओ नवयुवक, मेरी चिकित्सा इस तरह न हो सकेगी?

**रोज़ालिंड :** मैं अवश्य करूँगा, यदि तुम मुझे रोज़ालिंड कहकर पुकारोगे और प्रत्येक दिन मेरी कुटिया पर आकर मुझसे प्रेम करने लगोगे।

**ऑरलेंडो :** मैं अपनी प्रेयसी की सौगन्ध खाकर कहता हूँ कि मैं ऐसा करूँगा। मुझे बताओ कि तुम्हारी कुटिया कहाँ है?

**रोज़ालिंड :** आओ, मेरे साथ चलो। मैं तुम्हें बताता हूँ और वैसे क्या तुम मुझे यह बताओगे कि इस वन में तुम कहाँ रहते हो? आओ, क्या अब मेरे साथ चलोगे?

**ऑरलेंडो :** अपने सम्पूर्ण हृदय के साथ नवयुवक!

**रोज़ालिंड** : तो अब मुझे रोज़ालिंड कहकर पुकारना। आओ बहिन, क्या तुम चलोगी?

[प्रस्थान]

### दृश्य 3

[वन-प्रान्त]
**[टचस्टोन और औड्री का प्रवेश। जेक्स के पीछे]**

**टचस्टोन** : शीघ्र आओ, अच्छी औड्री। तुम्हारी बकरियों को पकड़कर ले आऊँगा औड्री। और यह बताओ औड्री कि अभी तक मैं वही मनुष्य क्यों हूँ। क्या मेरी सीधी-सादी मुखमुद्रा से तुम्हें सन्तोष होता है?

**औड्री** : तुम्हारी मुखमुद्रा! ईश्वर बचाए! कैसी मुखमुद्रा?

**टचस्टोन** : मैं तुम्हारे और तुम्हारी बकरियों के साथ इसी तरह हूँ जैसे कि अत्यन्त महान् ईमानदार कवि ‘ओविड’, ‘गोथ’ लोगों के साथ थे।

**जेक्स** : *(स्वगत)* ओह, ज्ञान कैसे अनुचित स्थान पर आकर पड़ा है। जीव किसी छप्पर वाले मकान में आकर रहें उससे भी अधिक अनुचित स्थान पर।

**टचस्टोन** : जब किसी मनुष्य की कविताओं को कोई न समझे और किसी की अच्छी सूझ-बूझ को भी कोई न समझे, तो उससे वह मानो मर-सा जाता है। सच, काश! ईश्वर तुम्हें कवयित्री बना देता।

**औड्री** : मैं नहीं जानती कि यह कवयित्री होता क्या बला है। क्या वचन और कार्य में यह ईमानदारी का काम है? क्या यह कोई सच्ची वस्तु है?

**टचस्टोन** : बिलकुल नहीं, क्योंकि सच्ची से सच्ची कविता सबसे अधिक झूठ और बनावट से भरी होती है और कविता के विषय होते हैं

प्रेमी। वे कविता में जो कुछ भी सौगन्ध खाते हैं वह ठीक उसी तरह बनावट और झूठ से भरी होती है जैसे उनके काम।

**औड्री** : फिर भी क्या तुम यही चाहते हो कि ईश्वर ने मुझे कवयित्री बनाया होता?

**टचस्टोन** : निस्सन्देह, मैं यही चाहता हूँ क्योंकि तुम सौगन्ध खाकर अपनी ईमानदारी का दावा करती हो। अब यदि तुम कवयित्री होतीं तो मुझे यह कहने की तो आशा रहती कि तुम्हारे इस दावे में झूठ और बनावट है।

**औड्री** : क्या तुम मुझे ईमानदार देखना नहीं चाहते?

**टचस्टोन** : वास्तव में नहीं, जब तक तुम कुछ कठोर मुद्रा वाली नहीं होतीं क्योंकि ईमानदारी सुन्दरता के साथ मिलकर और भी ऐसी अच्छी होती है जैसे शक्कर के साथ शहद।

**जेक्स** : *(स्वगत)* निरा मूर्ख।

**औड्री** : पर मैं तो सुन्दर नहीं हूँ इसीलिए मैं ईश्वर से प्रार्थना करती हूँ कि वह मुझे ईमानदार बना दे।

**टचस्टोन** : सच, और एक गन्दी तथा अल्हड़ स्त्री पर तो ईमानदारी थोपना इसी तरह है जैसे किसी गन्दी तश्तरी में अच्छा माँस रखा हुआ हो।

**औड्री** : मैं कोई अल्हड़ स्त्री नहीं हूँ। हाँ, गन्दी अवश्य हूँ। इसके लिए मैं ईश्वर को धन्यवाद देती हूँ।

**टचस्टोन** : तेरी इस गन्दगी के लिए ईश्वर प्रशंसा और धन्यवाद का पात्र है। कोई बात नहीं, अल्हड़पन इसके बाद आ जाएगा। लेकिन यह सब कुछ भी हो, मैं तुमसे अवश्य विवाह करूँगा और इस सम्बन्ध में मैं अगले गाँव के पादरी[1] सर ऑलीवर मारटेक्स्ट के पास हो आया हूँ। उसने मुझसे वन में इसी स्थान पर मिलने का वायदा किया है

---

1. Vicar (विकार)—पादरी जिनको गाँव की फसल का 1/10 हिस्सा धर्म-कर्म के लिए दिया जाता था और जो एक हैसियतदार ज़मींदार-सा ही होता था।

और कहा है कि वह हम दोनों का विवाह करा देगा।

**जेक्स :** *(स्वगत)* तो मैं अवश्य प्रसन्न होकर इस विवाहोत्सव को देखूँगा।

**औड्री :** ठीक है, ईश्वर हमें प्रसन्नता प्रदान करे।

**टचस्टोन :** ऐसा ही हो। यदि कोई मनुष्य भयभीत हृदय का हो, तो अवश्य ऐसे कार्य में हिचकिचाकर पीछे हट जाए, क्योंकि यहाँ तो कोई मन्दिर भी नहीं है, केवल वन है और सींग वाले वन पशुओं को छोड़कर कोई भी समुदाय नहीं है। लेकिन इससे क्या? साहस! सींग जैसे बुरे लगते हैं वैसे लाभदायक भी होते हैं। यह कहा जाता है कि कई एक मनुष्य तो ऐसे होते हैं जो अपनी धन-सम्पत्ति की गणना ही नहीं कर सकते। ठीक है। कई एक मनुष्य ऐसे भी होते हैं जिनके अच्छे सींगों की गणना वे स्वयं नहीं कर पाते हैं। लेकिन ये सींग तो उन्हें अपनी स्त्री के साथ दहेज के रूप में मिले हैं, कोई उनके स्वयं के पैदा किए थोड़े ही हैं। सींग! ऐसा ही सही। केवल निर्धन मनुष्य नहीं, सबसे अधिक सीधे हरिण के भी उतने ही बड़े होते हैं जितने किसी बदमाश के। तो क्या इस तरह कोई एक मनुष्य यश का अधिकारी है? नहीं, जिस तरह चारों ओर प्राकार से घिरा नगर किसी गाँव से अच्छा होता है उसी तरह विवाहित मनुष्य का मस्तक एक कुंवारे की खाली भौंहों से कहीं अधिक सम्माननीय वस्तु होती है। जिस तरह अपनी रक्षा करना मूर्ख बने रहकर खड़े रहने से अच्छा है, उसी तरह धन-सम्पन्नता का द्योतक सींग अभाव के जीवन से कहीं अच्छा है। लो, सर ऑलीवर यहाँ आ रहे हैं।

[सर ऑलीवर मारटेक्स्ट का प्रवेश]

सर ऑलीवर मारटेक्स्ट, आप अच्छे मिले। अब बताइए कि आप हमारा विवाह इसी वृक्ष के नीचे करा देंगे या कि आपके गिरजाघर तक हम चलें?

**सर ऑलीवर :** क्या यहाँ स्त्री को समर्पित करने के लिए कोई भी नहीं है?

**टचस्टोन :** किसी के समर्पित किए जाने पर मैं उसे नहीं लूँगा।

**सर ऑलीवर :** पर समर्पित वह की ही जानी चाहिए नहीं तो विवाह वैध घोषित नहीं किया जा सकता।

**जैक्स :** *(आगे बढ़कर)* आगे आओ, मैं उसे समर्पित करूँगा।

**टचस्टोन :** बहुत अच्छे, वाह मेरे अच्छे मास्टर, क्या कहोगे तुम इसे? पर हाँ, तुम्हारी तबीयत कैसी है श्रीमान्? तुम अच्छे मिले। हम पहले अन्तिम बार मिले थे उसके लिए ईश्वर तुम्हें सुखी रखे। तुमसे मिलकर मुझे अत्यधिक प्रसन्नता हो रही है। यह विवाह तो बच्चों के खिलौनों का-सा खेल है। तुम अपने सिर पर अपना टोप पहन लो।

**जेक्स :** क्या तुम्हारा विवाह होगा बहुरूपिये?

**टचस्टोन :** श्रीमान् जैसे बैल की गरदन पर जुआ होता है, घोड़े के मुँह में लगाम होती है और बाज के गले में घण्टियाँ होती हैं इसी तरह मनुष्य अपनी इच्छाएँ रखता है। और जैसे कबूतर की कुटकुट एक जोड़े में होती है उसी तरह स्त्री-पुरुष का जोड़ा विवाह सूत्र में बँधता है।

**जेक्स :** अरे, क्या आप जैसे उच्चकुलीन एक भिखारी की तरह इस झाड़ी के नीचे विवाह करेंगे? चलिए, गिरजाघर चलें और वहाँ कोई अच्छा पादरी लीजिए, जो कि यह समझता हो कि विवाह का क्या महत्त्व है। नहीं, यह आदमी तो आपका इस तरह गठ-बन्धन कराएगा जैसे किसी लकड़ी की तख्ती को कमरे के फर्श से जोड़ दे। कुछ दिन बाद यह एक मुड़ी हुई तख्ती की तरह हो जाएगा और तब गीली लकड़ी की तरह मुड़कर तुम्हारे सब जोड़ खुल जाएँगे और तुम एक-दूसरे से अलग हो जाओगे।

**टचस्टोन :** *(स्वगत)* मैं नहीं सोचता कि कोई दूसरा पादरी इससे अच्छी तरह विवाह कराएगा, क्योंकि ठीक है कि वह मेरा अच्छी तरह विवाह सम्पन्न कराने के अयोग्य है, पर इस तरह उचित रीति से विवाह सम्पन्न न होने के कारण तो मुझे बाद में अपनी स्त्री को छोड़ने

का अच्छा बहाना मिल जाएगा।

**जेक्स** : आओ, मेरे साथ चलो। मैं तुम्हें अच्छी सलाह दूँगा।

**टचस्टोन** : आओ, प्यारी औड्री!

अच्छा, मेरे अच्छे मास्टर ऑलीवर, अलविदा।

ओ प्यारे ऑलीवर!

ओ वीर ऑलीवर!

मुझे पीछे न छोड़ जाओ!

लेकिन—

दूर चले जाओ

चले जाओ, मैं कहता हूँ

मैं तुमसे विवाह नहीं करवाऊँगा।

**[जेक्स टचस्टोन तथा औड्री का प्रस्थान]**

**सर ऑलीवर** : कोई बात नहीं। क्या ऐसे मूर्ख और धृष्ट मनुष्य के इस तरह बकने से मैं अपना कार्य छोड़ दूँगा।

## दृश्य 4

**[वन-प्रान्त]**

**[रोज़ालिंड और सीलिया का प्रवेश]**

**रोज़ालिंड** : मुझसे कभी बात मत करना। मैं रो दूँगी।

**सीलिया** : अवश्य, मैं और इसके लिए प्रार्थना करती हूँ पर यह भी सोचा है कि ये आँसू तुम्हारे इस पुरुष-वेश पर कहाँ तक अच्छे लगेंगे?

**रोज़ालिंड** : लेकिन, क्या मेरे रोने के पर्याप्त कारण नहीं हैं?

**सीलिया** : हाँ, हाँ, क्यों नहीं? जितने चाहो उतने ही, इसलिए रोओ।

**रोज़ालिंड** : उसके बाल तक इस रंग के हैं कि अपना भेद नहीं बताते।

**सीलिया** : शायद 'जूडास' के लाल बालों से भी अधिक गहरे। अच्छी बात

है, उसके चुम्बन भी तो जूडास के बच्चों की तरह हैं।

**रोज़ालिंड :** नहीं, मेरा विश्वास है कि उसके बाल अच्छे रंग के हैं।

**सीलिया :** क्या ही अच्छा रंग! तुम्हारी कल्पना में सिर्फ एक सुपारी का भूरा रंग ही है।

**रोज़ालिंड :** और उसका चुम्बन ऐसा ही है ऐसा ईसा मसीह से अन्तर्मिलन के लिए छुई हुई पवित्र रोटी।[1]

**सीलिया :** उसके होंठ 'डाइना' के से पवित्र होंठ हैं, 'ऑर्डर ऑफ सेंट विटर' की देवदासी भी इतनी पवित्रता के साथ चुम्बन नहीं करती। उसके होंठों में तो बर्फ की तरह उज्ज्वल पवित्रता के सिवाय और कुछ है ही नहीं।

**रोज़ालिंड :** लेकिन क्यों तो उसने सौगन्ध खाकर कहा था कि वह प्रातःकाल आएगा और फिर क्यों वह नहीं आया?

**सीलिया :** निस्सन्देह, सत्य तो लेशमात्र भी उसमें नहीं है।

**रोज़ालिंड :** क्या तुम ऐसा सोचती हो?

**सीलिया :** अवश्य, मैं यह नहीं कहती कि कोई जेबकट है या घोड़ा चोर है, पर हाँ, जहाँ तक प्रेम में स्थिरता का प्रश्न है, वहाँ तो मैं कहूँगी कि वह ऐसा खोखा है जैसे ढका कटोरा या घुनी हुई सुपारी।

**रोज़ालिंड :** क्या प्रेम में सच्चा नहीं है?

**सीलिया :** हाँ, बनावट में तो अवश्य, लेकिन हृदय से, प्रेम में नहीं।

**रोज़ालिंड :** लेकिन तुमने तो सुना ही है कि जो कुछ भी वह था, वह सब उसने सौगन्ध खाकर कह दिया है।

**सीलिया :** वह 'था'! 'है' नहीं है अब। इसके अतिरिक्त एक प्रेमी की सौगन्ध तो एक शराब बेचने वाले की सौगन्ध जैसी होती है। दोनों झूठी बात पर सौगन्ध खाने में पक्के होते हैं। यह इस वन में तुम्हारे पिता ड्यूक की सेवा में ही रहता है।

---

1. Touch of holy bread ईसाइयों की एक तरह की धार्मिक रीति।

**रोज़ालिंड :** मैं कल ड्यूक से मिली थी और मैंने कितने ही प्रश्न उनसे किए। उन्होंने मुझसे मेरे माता-पिता और कुल के बारे में पूछा। मैंने उनसे कहा कि मेरा कुल उतना ही श्रेष्ठ है जितना उनका। इस पर वे हँसने लगे और मैं आ गई। लेकिन यह क्या हम कुल की और पिताओं की बात लेकर बैठ गईं, जब ऑरलेंडो जैसा व्यक्ति बातों के लिए है।

**सीलिया :** ओह, सच, वह एक वीर पुरुष है। वह वीरता भरे हुए गीत लिखता है, वीरता भरे हुए शब्द बोलता है, वीरता भरी हुई सौगन्धें खाता है और उतनी ही वीरता से उन्हें अपनी प्रेयसी के हृदय में होकर इसी तरह तोड़ देता है जैसे कोई नौसिखिआ भलाबरदार एक तरफ से ही अपने घोड़े को उकसाने के कारण अनिश्चित स्थान पर लगाकर अपने भाले को तोड़ लेता है, जैसे सीधी-सादी बतख अपनी चोंच तोड़ लेती है। लेकिन, छोड़ो यह युवावस्था ऐसी है कि इसमें कोई मूर्खतापूर्ण काम करो तो भी सब प्रशंसा करते हैं। अरे यह कौन आ रहा है यहाँ?

[कोरिन का प्रवेश]

**कोरिन :** मेरी स्वामिनी और मेरे स्वामी! आप उस चरवाहे के बारे में, जो प्रेम को बुरा कहता है, प्रायः पूछते थे न? वही मेरी बगल में वहाँ घास पर बैठा था। और उस अभिमान से भरी हुई, घृणित भेड़ चराने वाली स्त्री की प्रशंसा कर रहा था। वह उसकी पत्नी थी।

**सीलिया :** अच्छा, तो कुछ उसके बारे में बताओ।

**कोरिन :** यदि आप सच्चे प्रेम की पीली मुखमुद्रा और क्रोध और अभिमान से भरी घृणा की लाल चमक के बीच एक अच्छा-सा खेल खेलना चाहती हैं तो आप थोड़ा हट जाइए। अगर आपकी यह देखने की इच्छा होगी तो मैं आपको बुला लूँगा।

**रोज़ालिंड :** तो चलो, जाओ, यहाँ से हट जाएँ। जो स्वयं प्रेम में संलग्न होते हैं उन्हें प्रेमियों का दर्शनमात्र भी अत्यन्त सन्तोषप्रद होता है।

चलो, हमें इस खेल को दिखाओ और यदि तुम कहोगे तो मैं भी एक पात्र की तरह इस खेल में भाग लूँगा।

[प्रस्थान]


## दृश्य 5


[वन का दूसरा भाग]
[सिल्वियस और फीबी का प्रवेश]

**सिल्वियस** : मेरी फीबी, मुझसे घृणा मत करो, नहीं फीबी, नहीं। तुम चाहे यह कहो कि तुम मुझसे प्रेम नहीं करतीं, लेकिन घृणा के भाव से यह न कहो। वह जल्लाद जिसका हृदय नित्यप्रति मौत देखकर अत्यन्त कठोर हो जाता है, वह भी विनम्र व्यक्ति की गरदन पर कुल्हाड़ा नहीं चलाता बल्कि उसके लिए क्षमा की प्रार्थना करता है, तो क्या तुम उससे भी अधिक कठोर हो जो रात-दिन खून के ही बीच मरता-जीता है।

[रोज़ालिंड और सीलिया का प्रवेश—पीछे कोरिन]

**फीबी** : मैं तुम्हारे लिए जल्लाद नहीं बनूँगी। मैं कहती हूँ कि तुम मुझसे दूर चले जाओ क्योंकि मैं तुम्हें कोई चोट नहीं पहुँचाऊँगी। तुम कहते हो कि मेरी आँखों में तुम्हें मौत दीखती है। ठीक है, बहुत सुन्दर, यह भी क्या असत्य है कि वे आँखें जो सबसे अधिक कोमल और नाज़ुक होती हैं, जो छोटे-से-छोटे मिट्टी के कण तक के लिए अपनी सभीत पलकों को मूँद लेती हैं, वे ही जल्लाद और अत्याचारिणी कहलाएँ? अब मैं अपने पूरे हृदय से तुमसे घृणा करती हूँ और यदि मेरी आँखों में किसी को चोट पहुँचाने की शक्ति है, तो वे अवश्य तुम्हारी मौत का कारण हों। अब तुम मूर्छित होकर पृथ्वी पर गिर पड़ने का बहाना क्यों नहीं करते? यदि तुम नहीं कर सकते हो तो,

ओह, कितनी शर्म की बात है। कम-से-कम कुछ भी शर्म रखकर अब यह झूठ मत बोलना कि मेरी आँखें कोई जल्लाद हैं। लाओ, बताओ तो, कहाँ मेरी आँखों ने घाव किया है? यहाँ तक कि शरीर पर एक पिन के खुरचने तक का निशान बच रहता है और कितनी भी पतली नरसल को हाथ पर दबाने से कुछ क्षणों तक उसका निशान बन जाता है। तुम्हीं कहो, क्या क्रोधपूर्ण आँखों से देखने पर भी मैंने तुम्हें कोई चोट पहुँचाई है? नहीं, और यह मैं निश्चयपूर्वक कहती हूँ कि आँखों में किसी को चोट पहुँचाने की शक्ति ही नहीं होती।

**सिल्वियस :** ओ प्यारी फीबी! यदि कभी ऐसा हो, और वह समय निकट आए जब किसी के सुन्दर मुख को देखकर तुम्हारे हृदय में प्रेम की भावना जाग पड़े, तब तुम्हें मालूम होगा कि प्रेम के ये पैने बाण कितने छिपे हुए घाव करते हैं।

**फीबी :** लेकिन उस समय तक मेरे पास न आओ और जब ऐसा समय आए तब चाहे मेरी कितनी भी हँसी उड़ाना। जिस तरह मैं उस समय तक तुम्हारे साथ कोई सहानुभूति नहीं दिखाऊँगी तुम भी उस समय तक मत दिखाना।

**रोज़ालिंड :** अरे, ऐसा व्यवहार क्यों? मैं पूछता हूँ, किस माँ की सन्तान हो तुम, जो एक गरीब और दुःखी मनुष्य का इस तरह अपमान करती हो और उस पर विजय का-सा गर्व अनुभव करती हो। क्या हुआ कि तुममें कुछ सुन्दरता है, और सच पूछो तो तुम इतनी कोई अधिक सुन्दर भी नहीं हो कि अँधेरे में तुम्हें देखने के लिए कोई प्रकाश लेकर आए। तब क्या तुम्हें इस तरह क्रूर और अभिमानी होना चाहिए? क्या मतलब है इस सबका? मेरी ओर क्यों घूरती हो तुम? मुझे तो तुम प्रकृति की बनाई हुई अत्यन्त साधारण वस्तु लगती हो। पर हे ईश्वर! मैं सोचता हूँ कि वह तो मेरी आँखों को बाँध लेना चाहती है। नहीं, ओ झूठे अभिमान पर पलने वाली स्त्री, इसकी तनिक भी आशा न करो, ये तुम्हारी काली भोंहें, ये काले

चिकने बाल, ये मोती जैसी तुम्हारी आँखों के काले बिन्दु और ये तुम्हारे पीले चिकने गाल, मुझे इसके लिए बाध्य नहीं कर सकते कि मैं तुम्हारी प्रशंसा करूँ। ओ मूर्ख चरवाहे! तुम क्यों दक्खिनी हवा की तरह, जो बादल और वर्षा साथ लेकर चलती है, इसके पीछे आहें और आँसू लिए फिरते हो? जैसी यह स्त्री है इसकी अपेक्षा पुरुष के रूप में तुम इससे हज़ार गुना अच्छे हो। तुम जैसे ही जो मूर्ख होते हैं, वही तो इस संसार को मैले-कुचैले और बदसूरत बच्चों से भर देते हैं। काँच में अपनी मुखमुद्रा देखकर उसे इतना गर्व अनुभव नहीं होता होगा, जितना तुम उसके पीछे-पीछे फिरकर उसे कराते हो। तुम्हें इस तरह करता देख यह अपने-आपको, जितनी अच्छी नहीं है, उससे कहीं अधिक अच्छी और सुन्दर समझने लगती है। लेकिन भद्रे, थोड़ा अपने-आपको पहचानो। घुटनों के बल गिरकर ईश्वर को धन्यवाद दो, इस प्रसन्नता में व्रत करो कि तुम्हें एक अच्छे मनुष्य का प्रेम मिला है, क्योंकि मैं तुम्हारे कान में मित्र-भाव से यह कह देता हूँ कि समय आ गया है तो अब अपनी नज़रों को बेच डालो क्योंकि हर बाज़ार में तुम इन्हें नहीं बेच पाओगी। उस मनुष्य से दया की भीख माँगो और उससे प्रेम करो। उसकी प्रार्थना को स्वीकार कर लो। जब किसी घृणा करने योग्य प्राणी में गन्दगी दीखती है, तो वह गन्दगी साधारण मनुष्य के साथ से कहीं अधिक गन्दी लगती है। इसलिए ऐ चरवाहे, इसे अपने साथ ले जाओ। अच्छा, अलविदा।

**फ़ीबी** : प्रिय नवयुवक, मैं प्रार्थना करती हूँ कि एक वर्ष तक मेरे साथ रहकर इसी तरह मुझपर क्रुद्ध होते रहो। इसके प्रेमवाक्यों को सुनने की अपेक्षा मैं तुम्हारे क्रोधपूर्ण शब्दों को सुनना अधिक चाहती हूँ।

**रोज़ालिंड** : वह तो तुम्हारी गन्दी आदतों से भी प्रेम करता है। *(सिल्वियस से)* और वह मेरे क्रोध से प्रेम करती है। यदि ऐसा है तो जैसे ही वह तुम्हारी ओर देखकर कुछ कहे तो मैं अपने कटु शब्दों से उसे

गरमा दूँगा। *(फीबी से)* इस तरह तुम मुझे क्यों घूर रही हो?

**फीबी :** मैं तुम्हें कोई नुकसान नहीं पहुँचाऊँगी।

**रोज़ालिंड :** मैं तुमसे प्रार्थना करता हूँ, मुझसे प्रेम न करो क्योंकि शराब पीकर मतवाले लोग जैसी झूठी सौगन्ध खाया करते हैं, उससे भी कहीं अधिक झूठा मैं हूँ। इसके अतिरिक्त मुझे तुम पसन्द नहीं हो। यदि तुम मेरा घर जानना चाहो तो वह पास ही जैतून के पेड़ों के झुरमुट की बगल में है। क्या तुम चलोगी बहिन! चरवाहे, जैसे भी हो सके उससे प्रेम करो। आओ बहिन! ओ चरवाहिन, उसके ऊपर कुछ अच्छी दृष्टि रखो और घमण्ड न करो। चाहे सारा संसार तुम्हें देखे, पर जितना भ्रम इसे तुम्हारे बारे में है, वैसा किसी को न होगा। चलो आओ, चलें।

[रोज़ालिंड, सीलिया और कोरिन का प्रस्थान]

**फीबी :** ओ स्वर्गीय चरवाहे, अब मैं तेरे कथन की महत्ता समझ गई[1] कि 'ऐसा कौन है जिसका यदि प्रथम दृष्टि में प्रेम नहीं हुआ हो, तो उसने कभी भी प्रेम किया हो?'

**सिल्वियस :** ओ प्यारी फीबी,—

**फीबी :** हाँ, क्या कह रहे हो तुम सिल्वियस?

**सिल्वियस :** ओ मेरी प्यारी फीबी, मुझ पर तरस खाओ।

**फीबी :** मुझे तुम्हारे लिए दुःख है श्रेष्ठ सिल्वियस।

**सिल्वियस :** लेकिन जहाँ दुःख होता है वहाँ दुःख से मुक्ति पाने की राह भी होती है। यदि अपने प्रेम में मुझे दुःखी देखकर तुम्हें दुःख होता है तो प्यारी फीबी! तुम मुझसे प्रेम क्यों नहीं करतीं, जिससे तुम्हारा और मेरा दोनों का दुःख एक साथ मिट जाए।

**फीबी :** मैं तुमसे प्रेम करती हूँ। क्या वह मित्रता का प्रेम नहीं है?

**सिल्वियस :** पर मैं तुम्हें चाहता हूँ।

---

1. यहाँ चरवाहा शब्द वन और खेतों-सम्बन्धी प्रेम-काव्य लिखने वाले कवि के लिए प्रयोग किया गया है। मारलो से ही यहाँ का संकेत है, जिनके काव्य की ही अलग पंक्तियाँ हैं।

**फीबी** : यह तो तुम्हारा लालचीपन हुआ सिल्वियस! क्या तुम्हें वह समय याद है, जब मैं तुमसे घृणा करती थी और अब भी यह बात नहीं है कि मैं तुमसे प्रेम करती हूँ। मैं तो इसलिए तुम्हारा साथ चाहती हूँ, क्योंकि प्रेम के सम्बन्ध में तुम बहुत अच्छी-अच्छी बातें करना जानते हो। तुम्हारे साथ से जहाँ पहले मैं ऊब जाया करती थी, अब उसके लिए अपने चित्त में कोई आपत्ति नहीं लाऊँगी और मैं तुम्हें अपने पास रखूँगी। लेकिन इससे आगे किसी अन्य वस्तु की आशा न करना। केवल इसी बात पर प्रसन्न हो लेना कि मैंने तुम्हें अपने साथ रहने का अवसर दिया है।

**सिल्वियस** : तुम्हारे प्रति मेरा प्रेम इतना पूर्ण और पवित्र है कि मेरी इस दीनावस्था में यदि मुझे इतना भी तुम्हारे उस प्रेम में से, जो पूर्णतः किसी अन्य पुरुष के लिए है, मिल गया, जितने खेत की पूरी फसल कटने के बाद कुछ तितरे-बितरे दाने पड़े रह जाते हैं और उन्हें कोई पा लेता है, तो मैं इसे बहुत अधिक समझूँगा। कभी-कभी मेरी ओर एकाध मुस्कराहट बिखेर देना, प्यारी फीबी! और मैं इसी पर अपना निर्वाह कर लूँगा।

**फीबी** : क्या तुम उस नवयुवक को जानते हो जो थोड़ी देर पहले मुझसे बातें कर रहा था?

**सिल्वियस** : अच्छी तरह से तो नहीं, पर मैं उससे प्रायः मिलता रहा हूँ और उसने ही उस बुड्ढे किसान से वह झोंपड़ी और अन्य वस्तुएँ खरीदी हैं।

**फीबी** : यह मत सोचना कि मैं उससे प्रेम करती हूँ। मैं तो वैसे ही पूछती हूँ। उस नवयुवक का स्वभाव बहुत चिड़चिड़ा है, लेकिन फिर भी वह बातें अच्छी-अच्छी करता है। पर मुझे उसकी बातों से क्या? फिर भी यह तो मैं कहूँगी कि शब्दों का सदुपयोग उसी समय होता है जब उन्हें कहने वाला उनसे दूसरों के चित्त को प्रसन्न करता है। अच्छा सुन्दर नवयुवक है वह, पर इतना सुन्दर भी नहीं। लेकिन हाँ, घमण्डी

तो अवश्य वह बहुत ही है, फिर भी उसका यह घमण्ड उसके लिए शोभा देता है। बड़ा होने पर वह अत्यन्त श्रेष्ठ मनुष्य बनेगा। सबसे अच्छी बात तो उसके मुख और शरीर का सुन्दर रंग है और जैसे वह अपने शब्दों से किसी के हृदय पर आघात पहुँचाता है, उससे भी पहले आँखें उसकी मरहम-पट्टी करके उसे ठीक कर लेती हैं। वह अधिक लम्बा नहीं है, फिर भी उसकी उम्र देखते हुए तो वह अधिक लम्बा ही है। उसके पैर तो साधारण ही हैं फिर भी बहुत सुन्दर हैं। उसके होंठ पर एक सुन्दर लाली थी जो उसके गालों की लाली से कहीं अधिक पकी हुई और मनमोहक थी! उनमें ठीक उतना ही अन्तर था जितना एक सदैव स्थिर रहने वाली लाली तथा 'डैमास्क' गुलाब के फूल की-सी हल्की और मिली हुई लाली में होता है। सिल्वियस, मैं सच कहती हूँ कि मैंने उसके अंग-प्रत्यंग के सौन्दर्य को देखा है, इसी तरह अगर अन्य स्त्रियाँ देख पातीं, तो अवश्य ही वे उससे प्रेम करने लग जातीं। लेकिन मुझसे पूछो तो मैं न तो उससे प्रेम करती हूँ, और न ही घृणा करती हूँ, फिर भी कारण तो मेरे पास उससे घृणा करने के ही अधिक हैं, बजाय उससे प्रेम करने के! क्योंकि मुझे इस तरह कटु शब्द उसे क्यों कहने चाहिए थे? उसने कहा था कि मेरी आँखें काली हैं और मेरे बाल भी काले हैं। मुझे अब याद आ रहा है कि यह कहते हुए उसने क्रोध में आकर कितनी ही बुरी बातें मुझे सुनाई थीं। मुझे आश्चर्य हो रहा है कि उस समय मैंने उसे कोई उत्तर क्यों नहीं दिया। लेकिन कोई बात नहीं, एक बार की भूल का अर्थ यह थोड़े ही है कि उसका पीछा छोड़ दूँगी। मैं उसे एक व्यंग्यपूर्ण पत्र लिखूँगी और तुम उसे ले जाओगे। क्या तुम ले जाओगे, सिल्वियस?

**सिल्वियस :** ओ फीबी, अपने पूरे हृदय से ले जाऊँगा।

**फीबी :** मैं अब सीधा चलकर लिखती हूँ, क्योंकि सारा विषय तो मेरे मस्तिष्क और हृदय में है। मैं अत्यन्त संक्षेप में कटु से कटु बात उसे लिखूँगी। आओ, चलो सिल्वियस।

# चौथा अंक

## दृश्य 1

[वन-प्रान्त]

**[रोज़ालिंड सीलिया तथा जेक्स का प्रवेश]**

**जेक्स :** ओ सुन्दर नवयुवक, मेरी तुमसे यह प्रार्थना है कि तुम मुझे अपने-आपसे और भी अच्छी तरह परिचित हो जाने दो।

**रोज़ालिंड :** लोग कहते हैं कि तुम सदा खिन्न बने रहते हो।

**जेक्स :** मैं ऐसा ही हूँ क्योंकि हँसने से कहीं अच्छा मैं इस खिन्नता को समझता हूँ।

**रोज़ालिंड :** जिन मनुष्यों की किसी भी बात में अति होती है उन्हें घृणित समझा जाता है और शराबियों से भी अधिक प्रत्येक आजकल उन्हें बुरा कहता है।

**जेक्स :** पर दुःखी रहना और कुछ न बोलना अच्छा ही है।

**रोज़ालिंड :** यही क्यों? फिर तो एक गड़ा हुआ लट्ठा होना भी अच्छा है।

**जेक्स :** मुझमें न तो विद्वानों की-सी खिन्नता है, जो एक-दूसरे की प्रतिद्वन्दिता से ही पैदा होती है, न संगीतकार की-सी, जो हास्यास्पद होती है, न राजदरबारी की-सी जो दम्भ से ही होती है, न सैनिक की-सी जो महत्त्वाकाँक्षा के कारण होती है, न एक वकील की-सी जिसमें राजनीतिक चाल होती है और न एक प्रेमी जैसी जिसकी खिन्नता

में ये सभी चीज़ें मिली रहती हैं। यह तो मेरी स्वयं की उदासी और खिन्नता है, जो बहुत-सी जड़ी-बूटियों से मिलकर बनी है, बहुत-सी चीज़ों में से यह निकाली गई है और निस्सन्देह मेरी यात्राओं के बारे में आए अनेक तरह के विचार जब अधिक देर तक मेरे मस्तिष्क में ठहर जाते हैं तो मैं अवश्य बहुत दुःखी और उदास हो जाता हूँ।

**रोज़ालिंड :** एक यात्री! तब तो मेरा विश्वास है कि तुम्हारे दुःखी होने का बहुत बड़ा कारण है। मुझे तो यह डर है कि तुमने दूसरों की ज़मीन को देखने के लिए अपनी स्वयं की ज़मीन बेच दी है। तब खूब देख लेना और पास-पल्ले कुछ न रखना, ऐसे ही, जैसे किसी की आँखें तो धनी हों और हाथा निर्धन हों।

**जेक्स :** हाँ, मैंने अनुभव तो प्राप्त किया है।

**रोज़ालिंड :** और तुम्हारा अनुभव ही तुम्हें दुःखी बनाता है। ऐसा अनुभव जो दुःखी बनाता है उसके बजाय तो अपने को खुश करने के लिए मैं किसी मूर्ख को ही रख लेता और फिर इस अनुभव के लिए यात्रा और करता।

[ऑरलेंडो का प्रवेश]

**ऑरलेंडो :** प्यारी रोज़ालिंड, मैं तुम्हें अभिवादन करता हूँ और मैं तुम्हारे सुख की कामना करता हूँ।

**जेक्स :** तब ईश्वर तुम्हारी सहायता करे। तुम तो अतुकान्त काव्य में बातें करते हो।

**रोज़ालिंड :** अच्छा तो विदा यात्री। देखो, तुम कुछ हकलाते हो और विचित्र तरह के कपड़े पहनते हो। यहाँ तक कि तुम्हारे गाँव में अच्छी से अच्छी वस्तु में तुम्हें दोष दीखते हैं, तो फिर अपनी जन्मभूमि की किसी भी वस्तु से प्रेम न करो और ईश्वर को इसके लिए गाली दो कि उसने तुम्हें ऐसा क्यों बना दिया! नहीं तो सच मैं तुम्हें इतना साधारण यात्री नहीं समझूँगा जो कभी वेनिस तक जाकर गोंडाला नाम की नावों में बैठा हो।

[जेक्स का प्रस्थान]

**रोज़ालिंड** : हाँ कहो, कैसे हो ऑरलेंडो! अब तक तुम कहाँ थे। तुम एक प्रेमी होकर ऐसी दूसरी चाल खेलते हो कि मेरे सामने तक अधिक नहीं आते।

**ऑरलेंडो** : ओ मेरी सुन्दर रोज़ालिंड! मैं तो अपना वचन देने से एक घण्टे के भीतर ही भीतर आ गया हूँ।

**रोज़ालिंड** : प्रेम में एक घण्टे की देरी करना! वह जो एक मिनट के हज़ार भाग करे और उस मिनट के हज़ारवें भाग तक में भी, प्रेम में, अपने वचन से देर में आए, तो उसके बारे में यह कहा जाता है कि कामदेव सावधान रहने के लिए उसका कन्धा थपथपा देते हैं लेकिन यह मैं निश्चय से कहती हूँ कि उसका घाव छोटा ही होता है।

**ऑरलेंडो** : मुझे क्षमा कर देना, मेरी प्यारी रोज़ालिंड!

**रोज़ालिंड** : नहीं, तुम ऐसे सुस्त हो तो अब अधिक मेरे सामने न आना। इससे तो मैं किसी रेंग-रेंगकर चलने वाले घारवे से प्रेम करती तो अधिक प्रसन्न रहती।

**ऑरलेंडो** : घारवे से?

**रोज़ालिंड** : हाँ, घारवे से। चाहे वह धीरे-धीरे चलता है, पर अपने घर को सिर पर लेकर चलता है और जैसा तुम सोचते हो उसके विरुद्ध स्त्री से कहीं अधिक स्वतन्त्र सम्पत्ति का उपभोग करता है। इसके अतिरिक्त अपने भाग्य का निर्माता वह स्वयं होता है।

**ऑरलेंडो** : वह क्या पाता है?

**रोज़ालिंड** : क्यों? सींग! नहीं जानते कब उगते हैं? व्यभिचारिणी के पति के!

**ऑरलेंडो** : गुण सींग बनाने वाला नहीं होता और मेरी रोज़ालिंड गुणशील है।

**रोज़ालिंड** : और मैं तुम्हारी रोज़ालिंड हूँ।

**सीलिया** : तुमसे इस तरह कहने से उसे प्रसन्नता होती है। लेकिन उसकी कल्पना की रोज़ालिंड तो तुमसे अधिक सुन्दर है।

**रोज़ालिंड :** तो आओ, मुझसे प्रेम करो क्योंकि अब मेरा चित्त अवकाशकाल के अनुकूल प्रसन्न है और मैं तुम्हारी बात स्वीकार करना पर्याप्त रूप से चाहूँगी। यदि मैं तुम्हारी वही रोज़ालिंड होती तो तुम मुझसे इस समय क्या कहते?

**ऑरलेंडो :** इससे पहले कि मैं कुछ बोलता मैं उसे चूमता।

**रोज़ालिंड :** नहीं, तुम्हें सबसे पहले उससे बातें करनी चाहिए और जब तुम समझो कि बात करने का अब कोई विषय नहीं रहा है उस समय तुम्हें उसे चूमना चाहिए। बड़े अच्छे-अच्छे वक्ता जब बोलते-बोलते किसी विषय पर अटक जाते हैं तो उसी समय थूकने लगते हैं और इसी तरह, ईश्वर बचाए, जब प्रेम करने वालों के पास विषय समाप्त हो जाता है तो उससे सबसे अच्छा बचाव चुम्बन करना ही है।

**ऑरलेंडो :** लेकिन यदि चुम्बन करने से कोई मना कर दे तब क्या होगा।

**रोज़ालिंड :** तब वह तुम्हारे लिए विनम्र प्रार्थना का मार्ग खोलती है और वहाँ से नया विषय प्रारम्भ हो जाता है।

**ऑरलेंडो :** ऐसा कौन है जो अपनी प्रियतमा के सम्मुख बैठकर विषय की किसी आपत्ति में पड़ जाएगा।

**रोज़ालिंड :** यदि मैं तुम्हारी प्रियतमा हूँ तो सच तुम इस आपत्ति में पड़ जाओगे, नहीं तो, मैं अपनी ईमानदारी को अपनी वाक्पटुता से नीची वस्तु समझूँगी।

**ऑरलेंडो :** क्या अपनी प्रार्थना[1] के बीच?

**रोज़ालिंड :** हाँ, वस्त्रों के बीच नहीं, प्रार्थना के बीच। क्या मैं तुम्हारी रोज़ालिंड नहीं हूँ?

**ऑरलेंडो :** तुमसे इस तरह कहने में मुझे कुछ प्रसन्नता मिलती है क्योंकि मैं उसके बारे में बातें कर सकूँगा।

---

1. Suit इस शब्द पर शेक्सपियर ने 'पन' का प्रयोग किया है। इसके दो अर्थ हैं— (1) वस्त्र (2) प्रेम-प्रार्थना। ऑरलेंडो तो इस शब्द को प्रार्थना के ही अर्थ में प्रयोग करता है लेकिन रोज़ालिंड दोनों अर्थों में इसे ले जाती है।

**रोज़ालिंड** : यदि मैं अपने-आपको वही मान लूँ तो मैं कहती हूँ कि मैं तुम्हें नहीं चाहती।

**ऑरलेंडो** : तब मैं अपने-आपको ऑरलेंडो समझकर सचमुच मरता हूँ।

**रोज़ालिंड** : नहीं नहीं, बनावटी ढंग से मर जाओ। यह गरीब दुनिया 6000 वर्ष पुरानी है पर इसमें कोई भी मनुष्य सचमुच प्रेम के कारण तो कभी नहीं मरा। 'ट्राइलस' ने अपने सिर पर वह 'गीसियन छड़ दे मारी थी फिर भी उसने पहले भी मरने की जितनी कोशिश हो सकती थी, की थी। और वे प्रेम के आदर्शों में से है। 'लेन्डर', चाहे 'हीरो' देवदासी बन गई, तो भी वह बहुत दिनों तक जीवित रहता यदि वह गरमी की ऋतु की गरम रात न आई होती, क्योंकि वह नवयुवक 'हैलिस्पौन्ट' ने नहाने गया और वहाँ एक साथ बहुत थक जाने के कारण उसमें डूब गया। उस समय के मूर्ख इतिहासकारों ने समझा कि यह 'सैस्टस की हीरो' के लिए मरा है।

लेकिन यह सब झूठ है। समय-समय पर मनुष्य मरते हैं और कीड़े उन्हें खाते हैं लेकिन प्रेम के लिए नहीं।

**ऑरलेंडो** : मेरी वास्तविक रोज़ालिंड इस स्वभाव की नहीं होगी क्योंकि मैं सच कहता हूँ, उसकी क्रोधपूर्ण दृष्टि से मैं जीवित नहीं रह सकता।

**रोज़ालिंड** : मैं इस हाथ की सौगन्ध खाकर कहती हूँ कि इससे तो एक मक्खी भी नहीं मरेगी। लेकिन आओ, अब और भी अच्छी तरह से तुम्हारी रोज़ालिंड बन जाऊँगी और अब मुझसे कहो कि तुम क्या चाहते हो? मैं तुम्हारी प्रार्थना को स्वीकार करूँगी।

**ऑरलेंडो** : मुझसे प्रेम करो रोज़ालिंड।

**रोज़ालिंड** : हाँ अवश्य करूँगी। शुक्र, शनिश्चर और प्रत्येक ही दिन।

**ऑरलेंडो** : और क्या तुम मुझे अपने साथ रखोगी?

**रोज़ालिंड** : हाँ हाँ, ऐसे बीस मनुष्यों को।

**ऑरलेंडो** : यह क्या कहती हो तुम?

**रोज़ालिंड** : क्या तुम अच्छे नहीं हो?

ऑरलेंडो : मैं सोचता हूँ अच्छा हूँ।

रोज़ालिंड : तब तो क्यों किसी अच्छी चीज़ की इतनी अधिक मात्रा में इच्छा करनी चाहिए? आओ बहिन, तुम पादरी की तरह हमारा विवाह करा दो। मुझे अपना हाथ पकड़ाओ ऑरलेंडो। क्यों क्या विचार है बहिन?

ऑरलेंडो : मैं तुमसे विनय करता हूँ, हमारा विवाह करा दो।

सीलिया : मैं कोई शब्द नहीं बोल सकती।

रोज़ालिंड : तुम इस तरह से प्रारम्भ करो, 'क्या तुम इसे चाहते हो ऑरलेंडो'—

सीलिया : अच्छा तो चलो। क्या तुम रोज़ालिंड को अपनी पत्नी बनाना चाहते हो ऑरलेंडो?

ऑरलेंडो : अवश्य।

रोज़ालिंड : पर हाँ, कब?

ऑरलेंडो : अभी अभी। जितनी शीघ्रता के साथ वह विवाह कर ले।

रोज़ालिंड : तब तुम यह कहो, 'ओ रोज़ालिंड, मैं तुम्हें अपनी पत्नी बनाता हूँ'।

ऑरलेंडो : ओ रोज़ालिंड, मैं तुम्हें अपनी पत्नी बनाता हूँ।

रोज़ालिंड : मैं तुमसे यह पूछ सकती हूँ कि किसकी आज्ञा से? पर ओ ऑरलेंडो! मैं तुम्हें अपना पति स्वीकार करती हूँ। यह एक लड़की है जो पादरी से भी आगे चलती है और यह तो निश्चित ही है कि एक स्त्री के विचार उसके कार्यों से पहले भागते हैं।

ऑरलेंडो : ऐसे तो सभी विचार हैं। उनके पंख होते हैं।

रोज़ालिंड : अब मुझे यह बताओ कि यदि वह तुम्हें मिल जाए तो इसके बाद कितने समय तुम उसे रखोगे!

ऑरलेंडो : सदैव और एक दिन।

रोज़ालिंड : इस सदैव को हटाकर एक दिन ही कहो। नहीं-नहीं ऑरलेंडो, जब मनुष्य प्रेम करते हैं तो अप्रैल मास की तरह होते हैं, जब विवाह करते हैं दिसम्बर की तरह; इसी तरह जब लड़कियाँ कुँवारी ही होती

हैं तो मई मास की तरह होती हैं लेकिन जब किसी की पत्नी बन जाती हैं तब तो आकाश ही बदल जाता है। जितनी अधिक ईर्ष्या एक 'बारबरी' कबूतर अपनी कबूतरी से करता है उससे कहीं अधिक मैं तुमसे करूँगी; वर्षा आने पर जितना अधिक शोर तोता मचाता है उससे कहीं अधिक मैं मचाऊँगी। एक बिना पूँछ वाले बन्दर से भी अपनी नई-नई वस्तुओं का चाव रखूँगी और एक साधारण बन्दर से भी अधिक अपनी इच्छाओं में चंचल और नटखट हूँगी। जैसे 'डाइना' झरने पर बिना किसी कारण रोई थी वैसे ही मैं भी रोऊँगी, और यह मैं उस समय करूँगी, जब तुम अत्यन्त प्रसन्न होगे। जब तुम सोने जाने लगोगे तभी मैं 'हिडम्बा' की तरह हँसूँगी।

**ऑरलेंडो :** लेकिन मेरी रोज़ालिंड क्या ऐसा करेगी?

**रोज़ालिंड :** अपनी सौगन्ध खाकर कहती हूँ वह ऐसा ही करेगी जैसे मैं करूँगी।

**ऑरलेंडो :** ओ, लेकिन वह तो समझदार है!

**रोज़ालिंड :** नहीं तो ऐसा करने की बात ही उसे नहीं सूझ पड़ती। जितना अधिक कोई समझदार होता है उतना ही वह अभिमानी होता है। किसी स्त्री की सूझ को बन्द करने के लिए दरवाज़ा बन्द कर दो, वह तो खिड़की में होकर निकल जाएगी। उसे भी बन्द कर दो, तो ताले के छेद में होकर निकल जाएगी। और उसे भी बन्द कर दो तो चिमनी से बाहर जाते धुँए के साथ निकल जाएगी।

**ऑरलेंडो :** इन दो घण्टों के लिए रोज़ालिंड, मैं तुमसे अलग हूँगा।

**रोज़ालिंड :** हाय मेरे प्रियतम, मैं तुम्हारे बिना दो घण्टे नहीं रह सकती।

**ऑरलेंडो :** मुझे ड्यूक के पास कल के भोजन के समय अवश्य उपस्थित रहना चाहिए। दो बजे तक मैं फिर तुम्हारे पास वापिस आ जाऊँगा।

**रोज़ालिंड :** ठीक है, यही करो, यही करो। मैं जानती थी कि तुम क्या निकलोगे; मेरी मित्रों ने भी मुझसे इसके बारे में बहुत कहा था और मैं भी कम नहीं सोचती थी। तुम्हारे मीठे और बहलाने वाले शब्दों ने मुझे जीत

लिया। यह समझ लो कि एक और इस संसार से उठ गया, इसलिए ओ मौत, आ। तुम्हारे आने का समय तो दो बजे है न?

**ऑरलेंडो :** हाँ प्यारी रोज़ालिंड।

**रोज़ालिंड :** ईश्वर मुझे सौभाग्य प्रदान करे। मैं सच विश्वास के साथ कहती हूँ और उन अच्छी सौगन्धों के बल पर कहती हूँ जो धर्म और ईश्वर के विपरीत होने का कोई भय नहीं रखतीं कि यदि तुमने अपने वचन को लेशमात्र भी तोड़ा और निश्चित समय से एक मिनट भी पीछे आए तो मैं तुम्हें सबसे अधिक दुःखदायी वचन तोड़नेवाला और खोखला प्रेमी मानूँगी और उस रोज़ालिंड के सर्वथा अयोग्य मानूँगी जिसे तुमने गैर-वफादार के झुण्ड से चुना है। इसलिए मेरे आक्षेपों के लिए सावधान रहना और अपना वचन निबाहना।

**ऑरलेंडो :** उतनी ही पवित्रता के साथ जितनी यदि तुम मेरी वास्तविक रोज़ालिंड होतीं। अच्छा विदा!

**रोज़ालिंड :** ठीक है, समय ही वह पुराना न्यायाधीश है जो सभी ऐसे अपराधियों की जाँच करता है। अब भी मैं समय के ऊपर छोड़ती हूँ। विदा।

[ऑरलेंडो का प्रस्थान]

**सीलिया :** तुम्हारी इन प्रेम-सम्बन्धी मूर्खतापूर्ण बातों में तुमने हमारी स्त्री-जाति का अनुचित उपयोग किया है। हमें तुम्हारी यह पुरुष की वेश-भूषा हटा देनी चाहिए थी और संसार को यह दिखा देना चाहिए था कि चिड़िया ने अपने घोंसले का क्या हाल बनाया है।

**रोज़ालिंड :** ओ बहिन, मेरी अच्छी और प्यारी छोटी बहिन! तुम तो जानती ही हो, मेरा प्रेम कितना गहरा है, लेकिन इसकी गहराई नापी नहीं जा सकती। पुर्तगाल की खाड़ी की तरह मेरे प्रेम की तह आज तक किसने पाई है?

**सीलिया :** या यों कहो कि उसकी कोई तह ही नहीं है। ज्योंही प्रेम उसमें गिराओ वह बाहर निकल जाता है।

**रोज़ालिंड :** नहीं, चाहे 'वीनस' का वही दुराचारी वर्णसंकर जो विचार से

पैदा हुआ, तिल्ली में गर्भस्थान में रहा और पागलपन से जिसका जन्म हुआ, वही अन्य बदमाश लड़का जो कि प्रत्येक की आँखों को बुरा कहता है क्योंकि उसकी स्वयं की नहीं हैं, वही यह निर्णय करे कि मेरा प्रेम कितना गहरा है। मैं तुमसे कहती हूँ ऐलीना, मैं ऑरलेंडो को बिना देखे नहीं रह सकती। मैं चलकर कोई छाया ढूँढूँगी और जब तक वह न आएगा उसके लिए निःश्वास भरती रहूँगी।

**सीलिया :** और मैं सोऊँगी।

[प्रस्थान]


## दृश्य 2


[वन-प्रान्त]

**[सरदारों, वनवासियों तथा जेक्स का प्रवेश]**

**जेक्स :** कौन है वह जिसने हरिण को मारा है?

**एक सरदार :** मैं था श्रीमान्।

**जेक्स :** चलो एक 'रोमन' विजेता की भाँति इसे ड्यूक के सामने उपस्थित करें और विजय-चिह्न के लिए इसके सिर पर इन सींगों को लगा देना ठीक रहेगा। ओ वनवासी, क्या इस सम्बन्ध में तुम्हें कोई गीत याद नहीं है?

**वनवासी :** हाँ हाँ। श्रीमान्।

**जेक्स :** तो गाओ। यह कोई बात नहीं कि वह स्वर में हो, बस उससे शोर खूब मचना चाहिए।

### गीत

**वनवासी :** [मूल गीत का अर्थ—क्या हरिण के वधिक को बुलाएँ? हम हरिण के चर्म और सींगों को ओढ़ें?
उसे बुलाओ।]

(टेक को सब गाते हैं)

सींग पहनने से तुम घृणा मत करो।

तुम्हारे जन्म से पूर्व यह शृंगवत् था।

तुम्हारे पिता के पिता ने इसे पहना था।

और तुम्हारे पिता ने भी।

सींग, सींग, यह सतृष्ण सींग,

यह कोई हँसी की बात नहीं,

न घृणा करने की।

हरिण का हुआ शिकार,

शृंगलो, ले लो चर्म समस्त,

हरिण का हुआ शिकार!

घृणा करो मत इससे प्यारे।

यह परम्परा रही सदा रे,

हरिण का हुआ शिकार!

देखो यह कैसा सुन्दर है,

इसमें हँसने को क्या कुछ है,

हरिण का हुआ शिकार!

[प्रस्थान]

दृश्य 3

[वन-प्रान्त]

[रोज़ालिंड और सीलिया का प्रवेश]

**रोज़ालिंड :** अब तुम क्या कहोगी? क्या दो से अधिक नहीं बज गए हैं? और ऑरलेंडो अभी कहाँ आया है!

**सीलिया :** मैं यह निश्चयपूर्वक कहती हूँ कि वह अपने सच्चे प्रेम और

विक्षुब्ध चित्त से धनुष-बाण लेकर गया है—सोने के लिए। वह देखो, कौन आ रहा है यहाँ?

**[सिल्वियस का प्रवेश]**

**सिल्वियस :** ओ सुन्दर नवयुवक! मैं तुम्हारे ही पास सन्देश लेकर आया हूँ। मेरी प्यारी फीबी ने मुझे इसे तुम्हें देने की आज्ञा दी थी। मैं नहीं जानता कि इसमें क्या लिखा है लेकिन जैसा पत्र लिखते समय उसकी चढ़ी हुई भौंहों तथा क्रोधपूर्ण कृत्यों से मैं अनुमान लगा सकता हूँ, इसमें कोई क्रोधपूर्ण बात ही लिखी होगी। मुझे क्षमा करना क्योंकि मैं तो एक निरपराध संवादवाहक हूँ।

**रोज़ालिंड :** स्वयं धैर्य भी इस पत्र को पाकर विचलित हो उठता और न जाने किस बुरी तरह व्यवहार करता। यदि मैं इसे सहन कर लूँ तो संसार की किसी बुरी से बुरी चीज़ को भी सहन कर लेना चाहिए। वह कहती है कि मैं सुन्दर नहीं हूँ, मुझमें शिष्टाचार की कमी है और कहती है कि मुझमें अभिमान बहुत है और इसीलिए वह मुझसे प्रेम नहीं कर सकी। काश, फोनिक्स की तरह पुरुष भी एक-दो ही होते। हे ईश्वर! तुम जानते हो उसका प्रेम किसी खरगोश की तरह नहीं है जिसका मैं शिकार करता हूँ, तब वह मुझे ऐसा क्यों लिखती है? ठीक है, अच्छा चरवाहे! इस पत्र में तो तुम्हारी चाल मालूम होती है।

**सिल्वियस :** नहीं, मैं सच कहता हूँ। मुझे कुछ पता नहीं है कि इसमें क्या लिखा है। फीबी ने ही इसे लिखा था।

**रोज़ालिंड :** आओ, आओ, तुम तो मूर्ख हो और प्रेम की अति में बंधे हुए हो। मैंने उसका हाथ देखा था। वह तो बिलकुल चमड़े का है, ठीक ईंट के से रंग का। यह देखकर सच, पहले मैंने समझा था कि वह कोई पुराने दस्ताने हाथों में पहन रही है लेकिन वे तो उसके नंगे हाथ ही थे। उसका हाथ तो घरेलू काम-धंधे में लगी रहने वाली स्त्रियों जैसा है, लेकिन यह कोई बात नहीं, मेरा तो कहना

यह है कि यह पत्र उसकी सूझ का है ही नहीं। यह तो किसी पुरुष की सूझ और हाथ का है।

**सिल्वियस :** नहीं, निश्चित ही यह फीबी का है।

**रोज़ालिंड :** कौन, यह पत्र तो व्यक्त करता है कि वह क्रोधावेश में पूरी तरह निर्दयता के साथ लिखा गया है। ऐसा तो अपने प्रतिद्वन्द्वियों को लिखा जाता है। क्यों, जैसे तुर्क ईसाइयों को बैर का सन्देश भेजते हैं, क्या उसी तरह उसने यह भेजा है? स्त्रियों के नम्रता-भरे मस्तिष्क से ऐसी दैत्यों की सी कठोर बातें नहीं निकल सकतीं। ऐसे हब्शियों के से शब्द, जो प्रभाव में अपने रूप से भी अधिक काले हैं! क्या तुम यह पत्र सुनोगे?

**सिल्वियस :** आपकी कृपा होगी क्योंकि मैंने अभी तक इसे नहीं सुना है फिर भी फीबी की निर्दयता के बारे में तो बहुत ही सुन चुका हूँ।

**रोज़ालिंड :** जितनी क्रूरता उसमें हो सकती है उससे वह लिखती है। अब देखो उस अत्याचारिणी के शब्दों को।

[पढ़ती है।]

क्या चरवाहे[1] के प्रति तुम ऐसे निष्ठुर देवता हो गए हो,
कि तरुणी का हृदय दह्यमान होगा?

क्या स्त्री ऐसा कर सकती है?

**सिल्वियस :** क्या ऐसा ही है?

**रोज़ालिंड :** *(पढ़ती है)*

देवता दूर क्यों है?

तुम स्त्री के हृदय से लड़ते हो?

कभी ऐसा सुना था तुमने?

पुरुष के नयन जब स्नेह करते हों, तब क्या वे

प्रतिहिंसा से भर सकते हैं? मुझे पशु समझ सकते हैं?

---

1. चरवाहा अंग्रेज़ी काव्य में ग्रीक काव्य की परम्परा की भाँति रोमांस का द्योतक है। उसका जीवन आनन्दमय, चिन्ताहीन समझा जाता है।

यदि तुम्हारे उज्ज्वल नयन की घृणा मुझमें प्रीति
जगाने की शक्ति रखती है, तो उनमें क्या जादू
होगा, जब वे प्रेम से मुझे देखेंगी?
तुमने मुझे डांटा, मैंने प्रेम किया,
तुम प्रार्थना करोगे तो न जाने क्या होगा।
जो मेरी प्रेम-कथा तुम तक ले जाता है,
वह मेरे हृदय के प्रेम को क्या जाने?
अपना विचार उसे बताओ कि तुम्हारा यौवन
और तुम्हारी दया मुझे स्वीकार करेगी या नहीं?
मैं जो कर सकती हूँ वह तुम्हें प्रिय होगा?
अन्यथा कह दो उससे कि तुम्हें स्वीकार नहीं,
तब मैं सोचूँगी कि अब कैसे मरूँ!

**सिल्वियस** : क्या तुम इसे बुरा कहना समझते हो?

**सीलिया** : हाय! गरीब चरवाहे।

**रोज़ालिंड** : क्या तुम्हें उससे सहानुभूति है? नहीं, वह सहानुभूति के योग्य
नहीं है। क्या तुम ऐसी स्त्री से प्रेम करोगे? क्या, अपने-आपको
एक ऐसा वाद्ययन्त्र बनाने के लिए जिस पर झूठे गीत बजाती रहे?
यह सहन नहीं किया जा सकता। अच्छा, तो अब अपने रास्ते उसी
के पास जाओ क्योंकि मैं देखता हूँ कि प्रेम ने तुम्हें वह पालतू साँप
बना दिया है, और यह उससे कह भी देना कि यदि वह मुझसे प्रेम
करती है तो मैं उसे तुमसे प्रेम करने की आज्ञा देता हूँ। यदि वह
इसका पालन न करेगी तो मैं कभी भी उसे अपनी नहीं बनाऊँगा
जब तक कि तुम इसके लिए प्रार्थना न करोगे। यदि तुम सच्चे
प्रेमी हो तो अब आगे एक भी शब्द न बोलना क्योंकि यहाँ कुछ
व्यक्ति और आ रहे हैं।

[सिल्वियस का प्रस्थान]
[ओलिवर का प्रवेश]

**ओलिवर :** ओ सुन्दर प्राणियो! मैं आपको अभिवादन करता हूँ और यह प्रार्थना करता हूँ कि क्या आप जानते हैं कि इस वन के किनारे जैतून के वृक्षों से घिरा हुआ वह एक भेड़ों का बाड़ा कहाँ है?

**सीलिया :** इस स्थान के पश्चिम में, नीचे पास की घाटी में। यदि तुम इस बहते हुए झरने के पास वाले इन देवदार के वृक्षों को अपनी दाईं तरफ छोड़ दोगे तो ठीक उसी स्थान पर जा पहुँचोगे। लेकिन इस समय तो वह घर सूना है। कोई भी अन्दर नहीं है।

**ओलिवर :** यदि दृष्टि को वाणी से लाभ प्राप्त हो सकता है तो मुझे पूरी तरह तुमसे तुम्हारा परिचय प्राप्त करना चाहिए। ऐसे वस्त्र और यह उम्र। युवक एक स्त्री की तरह ही सुन्दर है, इस तरह से व्यवहार करता है मानो इस स्त्री की बड़ी बहिन हो और यह स्त्री छोटी है और अपने भाई से कुछ भूरे वर्ण की है। जिसके लिए मैंने पूछा था, क्या तुम्हीं घर की स्वामिनी नहीं हो?

**सीलिया :** तुम्हारे पूछने पर यदि हम कहें कि हम ही हैं तो कोई अत्यधिक प्रशंसा की बात नहीं होगी।

**ओलिवर :** ऑरलेंडो तुम दोनों को अपना अभिनन्दन भेजता है और उस नवयुवक को जिसे वह रोज़ालिंड कहकर पुकारता है, यह रक्त से भीगा रूमाल भेजता है। क्या तुम वह हो?

**रोज़ालिंड :** मैं ही हूँ, लेकिन इससे हमें क्या समझना चाहिए?

**ओलिवर :** यदि तुम मेरे बारे में यह जान पाते कि मैं कौन हूँ और कैसे, क्यों, और कहाँ यह रूमाल रक्त से भीगा है तो तुम जान जाते कि इसमें मेरे लिए बहुत कुछ शरम की बात है।

**सीलिया :** मैं प्रार्थना करती हूँ कि हमें यह बताइए।

**ओलिवर :** जब वह नवयुवक ऑरलेंडो तुम्हें एक घण्टे में वापिस आने का वचन देकर तुमसे बिछुड़ा था और इस वन के बीच कल्पना के मधुर और कटु फलों का रसास्वादन करता हुआ जा रहा था तो ओह, क्या घटना घटी! उसने अपनी दृष्टि इधर-उधर घुमाई और देखा,

क्या वस्तु उसके सामने दिखाई दी? एक देवदार वृक्ष के नीचे, जो इतना पुराना था कि उसकी डालियों पर काई छा गई थी और चोटी इतने अधिक पुरानेपन और सूखेपन से पूरी तरह से फूल-पत्तियों के बिना नंगी हो गई थी, एक आपत्तियों में खोया दुःखी मनुष्य अपनी पीठ के बल सोया पड़ा हुआ था। उसकी दाढ़ी और सिर के बाल बहुत बढ़े हुए थे। उसकी गरदन के चारों ओर हम हरे रंग का चमकदार साँप लिपटा हुआ था, जो फुफकार मारता हुआ ठीक उसके होंठों तक आ पहुँचा था लेकिन एकाएक ऑरलेंडो को देखकर वह छूट गया और रेंगता हुआ एक झाड़ी में घुस गया। उसी झाड़ी के नीचे एक भूखी शेरनी अपना सिर धरती में रखकर एक बिल्ली की तरह यह प्रतीक्षा करती हुई पड़ी थी कि कब यह सोया हुआ आदमी फिर से जागे क्योंकि यह शेर की एक राजसी प्रकृति होती है जो वस्तु मृत मालूम हो उसका वह शिकार नहीं करता। यह देखकर ऑरलेंडो उस मनुष्य के पास पहुँचा और उसने पाया कि वह उसका बड़ा भाई ही था।

**सीलिया :** ओह, मैंने उसे उसी भाई के बारे में बातें करते सुना है और वह तो उसे सम्पूर्ण मनुष्य जाति में सबसे अधिक अस्वाभाविक प्रकृति का बताता था।

**ओलिवर :** उसने ठीक ही कहा, क्योंकि मैं जानता हूँ कि वह ऐसा अस्वाभाविक ही था।

**रोज़ालिंड :** लेकिन ऑरलेंडो की बात बताओ। क्या उसने उस मनुष्य को उसी भूखी शेरनी के लिए वहाँ छोड़ दिया?

**ओलिवर :** उसने दो बार अपनी पीठ मोड़ी और ऐसा ही करना चाहा लेकिन ईर्ष्या से अधिक सहिष्णु दया ने और बदले के लिए आए उचित अवसर से अधिक उसके भ्रातृत्व-प्रेम ने उसे शेरनी से लड़ने के लिए बाध्य कर दिया जिसको कि उसने मार गिराया। इसी बीच यह कोलाहल-सा सुनकर मेरी नींद खुल गई।

**सीलिया** : क्या तुम ही उसके भाई हो?

**रोज़ालिंड** : क्या तुम्हें ही उसने बचाया था?

**सीलिया** : क्या तुमने ही उसे मरवाने का षड्यन्त्र रचा था?

**ओलिवर** : मैं ही था, लेकिन मैं नहीं भी था। मुझे यह कहने में तनिक भी लज्जा नहीं है कि जो कुछ मैं था और जो बदल कर मैं हो गया हूँ इन दोनों स्थितियों की तुलना मुझे अत्यन्त मधुर लगती है।

**रोज़ालिंड** : लेकिन रक्त से भीगे रूमाल का क्या तात्पर्य है?

**ओलिवर** : धीरे-धीरे हमने, उस समय से जबकि हम एक-दूसरे से अलग हुए थे, आज तक का अपना-अपना जीवन-वृतान्त रोते-रोते एक-दूसरे से कहा और यह कि कैसे मैं इस वन तक आया। संक्षेप में वह मुझे उस उदार ड्यूक के पास ले गया जिसने मुझे भोजन और वस्त्र दिए और मुझे अपने भ्रातृ-प्रेम के सामने समर्पित कर दिया। वह मुझे तुरन्त ही अपनी गुफा में ले गया और वहाँ उसने अपने वस्त्र उतारे। यहाँ उसके हाथ से कुछ माँस शेरनी ने नोच लिया था और तभी से उससे रक्त बह रहा था। आते ही वह मूर्च्छित हो गया और उसी अवस्था में रोज़ालिंड का नाम पुकारने लगा। संक्षेप में ही मैं कहता हूँ कि तब मैं उसे स्वाभाविक स्थिति में लाया और उसके घाव पर पट्टी बांध दी। कुछ समय पश्चात् ही हृदय में अत्यन्त व्याकुल होते हुए उसने मुझे तुमसे अपरिचित होते हुए भी, अपनी यह कहानी कहने भेजा, जिससे तुम उसको भंग किए हुए वचन के लिए क्षमा कर दो। और यह रूमाल उसने उस चरवाहे को देने के लिए कहा है जिसे वह एक खेल में अपनी रोज़ालिंड कहकर पुकारता था।

[रोज़ालिंड मूर्च्छित हो जाती है]

**सीलिया** : हाय, अब कैसे होगा। गैनीमीड! ओ प्यारे गैनीमीड।

**ओलिवर** : रक्त को देखकर अधिकांश को मूर्छा आ जाती है।

**सीलिया** : इसमें इससे कुछ अधिक कारण है। ओ भाई गैनीमीड।

**ओलिवर :** देखो, वह ठीक हो रहा है।

**रोज़ालिंड :** अच्छा होता जो मैं अपने घर पर होता।

**सीलिया :** हम तुम्हें उधर ले चलते हैं। क्या तुम कृपा करके इसे अपने हाथ का सहारा नहीं दोगे।

**ओलिवर :** साहस रखो नवयुवक, तुम एक पुरुष होकर पुरुष का सा हृदय नहीं रखते।

**रोज़ालिंड :** ठीक ही है, मैं इसे स्वीकार करता हूँ। आह, कोई भी यह समझेगा कि मैंने कितनी अच्छी तरह किसी का अनुकरण किया? मेरी प्रार्थना है कि अपने भाई से कहना कि मैंने अपने आपको दूसरे रूप में प्रकट किया था। हाँ, समझे?

**ओलिवर :** यह किसी का अनुकरण नहीं है। तुम्हारे मुख से यह स्पष्ट झलक रहा है कि यह तो तुम्हारा भावावेश था।

**रोज़ालिंड :** मैं तुम्हें विश्वास दिलाता हूँ कि यह अनुकरणमात्र था।

**ओलिवर :** अच्छा तो साहस रखकर एक पुरुष के-से व्यवहार का अनुकरण ही कर लो।

**रोज़ालिंड :** वही तो मैं कर रहा हूँ। सच, मुझे तो वास्तव में एक स्त्री ही होना चाहिए था।

**सीलिया :** आओ, तुम कुछ अधिक पीले दीख रहे हो। कृपया घर की ओर चलो। अच्छा श्रीमान्, हमारे साथ चलें।

**ओलिवर :** अवश्य चलूँगा क्योंकि मुझे वापस उत्तर भी तो ले जाना है कि ओ, रोज़ालिंड, तुमने किस तरह मेरे भाई को क्षमा कर दिया।

**रोज़ालिंड :** मैं कोई उपाय सोचूँगा, लेकिन यह मेरी प्रार्थना है कि तुम उससे जाकर कहो कि वह पुरुष-वेश में मेरा अनुकरणमात्र ही था। क्या तुम चलोगे?

[प्रस्थान]

# पाँचवाँ अंक

## दृश्य 1

**[वन-प्रान्त]**
**[टचस्टोन तथा औड्री का प्रवेश]**

**टचस्टोन** : हम एक समय निश्चत कर लेंगे। धैर्य, मेरी नम्र औड्री।

**औड्री** : लेकिन विश्वास करो कि वृद्ध पुरुष के सब कुछ कहने के उपरान्त भी पादरी बहुत अच्छा था।

**टचस्टोन** : वह सबसे अधिक ढीठ सर ऑलीवर, सबसे अधिक नीच मारटेक्स्ट! लेकिन औड्री, यहाँ इस वन में एक ऐसा नवयुवक है जो तुम पर अपना अधिकार बताता है।

**औड्री** : हाँ, हाँ, मैं जानती हूँ कि वह कौन है। इस संसार में उसका मुझसे कोई सम्बन्ध नहीं है।

**टचस्टोन** : किसी मूर्ख से मिलना तो मुझे ऐसा अच्छा लगता है जैसे कोई प्रीतिभोज। सच कहता हूँ, हमारी जैसी सूझ-बूझ है उसी तरह कितनी ही बातों का उत्तर भी हमें देना होता है। ऐसे अवसर के लिए तो हम लालायित रहते हैं और किसी भी तरह अपने-आपको नहीं रोक सकते।

**[विलियम का प्रवेश]**

**विलियम** : नमस्कार औड्री।

**औड्री** : ईश्वर को स्मरण करके नमस्कार करती हूँ विलियम!

**विलियम** : और श्रीमान् जी आपको भी नमस्कार करता हूँ।

**टचस्टोन** : नमस्कार मेरे अच्छे मित्र! अपना सिर ढको। कृपया अपना सिर
ढाँक लीजिए। क्यों मित्र, आपकी उम्र क्या है?

**विलियम** : पच्चीस वर्ष श्रीमान् जी!

**टचस्टोन** : पकी हुई उम्र है। क्या तुम्हारा नाम विलियम है?

**विलियम** : जी हाँ, विलियम।

**टचस्टोन** : सुन्दर नाम है। क्या इसी वन में पैदा हुए हो?

**विलियम** : जी हाँ, इसके लिए ईश्वर को धन्यवाद देता हूँ।

**टचस्टोन** : 'ईश्वर को धन्यवाद देता हूँ।' अच्छा उत्तर है। क्या धनी हो?

**विलियम** : जी, ऐसा ही साधारण हूँ।

**टचस्टोन** : 'साधारण' अच्छा है, बहुत अच्छा, बहुत ही अच्छा, बहुत बहुत
अच्छा, फिर भी यह नहीं है। यह तो केवल साधारण है। क्या तुम
बुद्धिमान हो?

**विलियम** : जी हाँ, अच्छी-खासी सूझ-बूझ है।

**टचस्टोन** : यह तुम ठीक कहते हो। मुझे अभी तक एक कहावत याद
आ रही है कि मूर्ख तो यह समझता है कि वह बुद्धिमान है और
बुद्धिमान यह समझता है कि वह मूर्ख है। ईसाई धर्म से अन्य मत
वाला दार्शनिक जब अँगूर खाने की इच्छा करता था तभी अपना
मुँह खोल देता था और उसे अपने मुँह में रख लेता था। इसका
अर्थ यह है कि अँगूर तो खाने के लिए बने हैं और मुँह खोलने
के लिए बना है। क्या तुम इस स्त्री से प्रेम करते हो?

**विलियम** : जी हाँ।

**टचस्टोन** : मुझे अपना हाथ दो। हम मित्र हो जाएँ। क्या तुम विद्वान्
हो?

**विलियम** : जी नहीं।

**टचस्टोन** : तब यह मुझसे सीख लो कि लेने का अर्थ है लेना, क्योंकि
भाषण तथा वार्तालाप की कला में यह एक चिह्न है कि कोई भी

पेय वस्तु जब गिलास से प्याले में उड़ेली जाती है जो एक को भरकर दूसरे को अवश्य खाली करती है क्योंकि तुम सब लेखक यह मानते हो कि 'इप्से' का अर्थ है 'वह'। अब तुम 'इप्से' नहीं हो क्योंकि मैं वह हूँ।

**विलियम :** कौन सा 'वह' श्रीमान् जी।

**टचस्टोन :** वही, श्रीमान् जी, जिसको इस स्त्री से विवाह करना है। इसलिए ओ मूर्ख त्याग दो, जिसको गँवारू भाषा में छोड़ दो कहते हैं। क्या छोड़ दो? सहवास, जिसको गँवारू भाषा में संग-साथ कहते हैं; किसका? नारी-जाति का, जिसको साधारणतया स्त्री कहते हैं। यह सब मिलकर हुआ : नारी-जाति का सहवास त्याग दो नहीं तो मूर्ख, तुम नष्ट हो जाओगे या तुम्हारे अच्छी तरह समझने के लिए, मर जाओगे या नई सूझ के साथ कहूँ तो मैं तुम्हें मारता हूँ, अपने से दूर करता हूँ। अपने जीवन को मृत्यु में बदल डालो! अपनी स्वतन्त्रता को परतन्त्रता में। मैं तो तुम्हारे साथ अब विष से व्यवहार करूँगा या मोटी छड़ से, या फौलाद से। मैं षड्यन्त्र में तुम्हारे साथ कार्य करूँगा। कूटनीति में मैं तुमसे आगे रहूँगा। मैं डेढ़ सौ ढंग से तुम्हें मार दूँगा इसलिए भयभीत हो काँपों और जाओ।

**औड्री :** मेरे अच्छे विलियम! करो, ऐसा ही करो!

**विलियम :** ईश्वर आपको प्रसन्नता प्रदान करे, श्रीमान् जी।

[प्रस्थान]


[कोरिन का प्रवेश]

**कोरिन :** हमारे स्वामी और स्वामिनी तुम्हें खोज रहे हैं, इसलिए आओ, शीघ्र चलो।

**टचस्टोन :** चलो औड्री! चलो औड्री! मैं पीछे चलता हूँ। मैं पीछे चलता हूँ।

[प्रस्थान]

## दृश्य 2

### [वन प्रान्त]
### [ऑर्लेंडो तथा ओलिवर का प्रवेश]

**ऑर्लेंडो :** क्या यह सम्भव है कि इतना कम परिचय होते हुए तुम भी उसको चाहते हो? कि केवल एक दृष्टिमात्र देखने से ही तुम प्रेम करते हो? और प्रेम करते हुए तुरन्त ही उसे प्राप्त करना चाहते हो? और तुम्हारी इस प्रार्थना को वह स्वीकार कर लेगी? और क्या तुम उस समय तक अपने आपको संभाले रहोगे जब तक उसे प्राप्त न कर लोगे?

**ओलिवर :** इसकी अनिश्चितता, उसकी निर्धनता, सूक्ष्म परिचय, मेरे एकाएक उसे प्राप्त कर लेने तथा उसकी एकाएक मेरी प्रार्थना पर स्वीकृति पर, कोई प्रश्न न करो! लेकिन मेरे साथ यह कहो कि मैं ऐलीना से प्रेम करता हूँ और उसके साथ कहो कि वह मुझे प्रेम करती है। हम दोनों की बात को स्वीकार कर लो जिससे हम एक-दूसरे के साथ प्रेम का आनन्द ले सकें क्योंकि मेरे स्वर्गीय पिता का घर और सारी भूमि से आई घर की सम्पत्ति जो सर रोलैंड की वसीयत में है, वह मैं तुम्हें देता हूँ। और यहाँ मैं एक चरवाहे की तरह जिऊँगा और मरूँगा।

**ऑर्लेंडो :** मैं तुम्हारी बात को स्वीकार करता हूँ। चलो तुम्हारा विवाह कल ही सम्पन्न हो। इधर मैं ड्यूक को तथा उसके सभी अनुचरों को निमंत्रित कर दूँगा। तुम जाओ और ऐलीना को तैयार कर लो क्योंकि वह देखो मेरी रोज़ालिंड यहाँ आ रही है।

### [रोज़ालिंड का प्रवेश]

**रोज़ालिंड :** भाई, ईश्वर तुम्हारी रक्षा करें।

**ओलिवर :** और तुम्हारी भी मेरी प्यारी बहिन।

**रोज़ालिंड :** ओ मेरे प्यारे ऑर्लेंडो, तुम्हारे हृदय को एक पट्टी से बँधा देखकर

मुझे कितना दुःख हो रहा है!

**ऑरलेंडो :** वह तो मेरा हाथ है।

**रोज़ालिंड :** मैंने सोचा था कि शेर के पंजे ने तुम्हारे हृदय को घायल कर दिया है।

**ऑरलेंडो :** घायल तो यह है, लेकिन एक स्त्री की आँखों से।

**रोज़ालिंड :** क्या तुम्हारे भाई ने तुमसे कहा था कि जब उसने मुझे तुम्हारा रूमाल दिखाया तब मैंने किस तरह बनावटी मूर्च्छा का ढोंग किया था?

**ऑरलेंडो :** हाँ, उससे भी अधिक आश्चर्यप्रद बातें!

**रोज़ालिंड :** ओह, अब मैं तुम्हारा तात्पर्य समझा। नहीं, यह सत्य है। दो मेंढ़ों की लड़ाई के या 'सीज़र' के 'ध्रेसो' की तरह चलते हुए यह कहने के, कि 'मैं आया, मैंने देखा, और मैंने जीत लिया!' कभी भी ऐसी बात नहीं हुई क्योंकि तुम्हारा भाई और मेरी बहिन ज्यों ही मिले, वे एक-दूसरे की ओर देखने लग गए और ज्यों ही वे एक-दूसरे से प्रेम करने लगे तभी से निःश्वास भरने लगे। ज्यों ही निःश्वास भरने लगे तभी उन्होंने एक-दूसरे से इसका कारण पूछा। ज्यों ही उन्हें इसका कारण मिल गया त्यों ही उन्होंने इसका उपचार ढूँढ़ लिया और इस तरह सीढ़ी दर सीढ़ी चढ़ते हुए वे अपने विवाह की सीढ़ी तक पहुँच गए हैं। उसे भी वह तुरन्त चढ़ लेंगे। वे इस समय प्रेम के आवेश में हैं और वे एक-दूसरे के साथ विवाह अवश्य करेंगे। लोहे की मोटी-मोटी छड़ें भी उन्हें एक-दूसरे से अलग नहीं कर सकतीं।

**ऑरलेंडो :** तो कल उनका विवाह कर दिया जाएगा। मैं ड्यूक को इस अवसर पर निमन्त्रित कर लूँगा। लेकिन ओह, किसी दूसरे की आँखों में होकर प्रसन्नता को देखना कितनी कटु और दुःख की बात है। कल तो मेरे हृदय का भारीपन और भी चोटी तक पहुँच जाएगा; जब मेरा भाई अपनी इच्छित वस्तु पाकर प्रसन्न होगा तो मैं इसको

कितना क्या सोच पाऊँगा!

**रोज़ालिंड** : क्यों, कल मैं तुम्हारे साथ रोज़ालिंड के रूप में व्यवहार क्यों नहीं कर सकती?

**ऑरलेंडो** : अब मैं अधिक कल्पना के बल पर जीवित नहीं रह सकता।

**रोज़ालिंड** : अब मैं बेकार की बातों से तुम्हें परेशान नहीं करूँगा। तब मेरे बारे में जान लो। किसी कारण से ही मैं अब कहता हूँ। मैं जानता हूँ कि तुम अच्छी बुद्धि वाले भद्र पुरुष हो। मैं इसलिए यह नहीं कहता हूँ कि तुम मेरी बुद्धिमत्ता और ज्ञान के बारे में कोई अच्छी धारणा बना लो। जहाँ तक तुम्हारे बारे में मैं कहता हूँ तो मैं जानता हूँ कि तुम बुद्धिमान हो। मैं कोई अधिक सम्मान पाने के लिए भी परिश्रम नहीं करता हूँ, यदि करता हूँ तो केवल तुम्हारा थोड़ा-सा विश्वास प्राप्त करने के लिए, जिससे मुझे कोई लाभ नहीं होगा बल्कि तुम्हें ही उससे लाभ प्राप्त होगा। तब यदि तुम चाहो तो यह विश्वास कर लो कि मैं विचित्र बातें कर सकता हूँ। जब मैं तीन वर्ष का ही था तभी मैंने एक ऐसे जादूगर से बातें की थीं जो अपनी कला में पारंगत था और किसी भी तरह उपेक्षा के योग्य नहीं था। जैसे तुम्हारे हाव-भाव प्रबल रूप में व्यक्त कर रहे हैं, तो यदि तुम रोज़ालिंड को उसी तरह अपने हृदय से प्रेम करते हो, तो जब तुम्हारा भाई ऐलीना से विवाह करेगा उसी समय तुम रोज़ालिंड से विवाह करोगे। मैं उसकी भाग्य की कठिनाइयों को जानता हूँ और यदि तुम्हें यह कुछ असुविधाजनक न मालूम हो, तो मेरे लिए यह असम्भव नहीं है कि मैं कल ही उसे तुम्हारी आँखों के सामने बिना किसी खतरे के अपने सही रूप में उपस्थित कर दूँ।

**ऑरलेंडो** : क्या तुम गम्भीरतापूर्वक ये बातें कह रहे हो?

**रोज़ालिंड** : मैं अपने जीवन की, जिसको मैं एक जादूगर होते हुए भी अत्यधिक प्रेम करता हूँ, सौगन्ध खाकर कहता हूँ कि मैं ऐसा कर दूँगा। इसलिए अच्छे से अच्छे वस्त्र पहन लो। अपने मित्रों को

निमन्त्रित कर लो क्योंकि यदि तुम्हारा विवाह कल होना है तो तुम अवश्य करोगे, और करोगे भी रोज़ालिंड से।

[सिल्वियस तथा फीबी का प्रवेश]

वह देखो, एक तो मुझसे प्रेम करने वाली और एक उससे प्रेम करने वाला दोनों यहाँ आ रहे हैं।

**फीबी :** नवयुवक, जो पत्र तुम्हें लिखा था, तुमने उसे दिखाकर मेरे साथ अत्यन्त असहिष्णुता का व्यवहार किया है।

**रोज़ालिंड :** यदि मैंने दिखाया है तो इसकी मुझे चिन्ता नहीं। तुम्हारे प्रति घृणापूर्ण तथा असहिष्णु दीखना तो मेरा उद्देश्य ही था। एक वफादार चरवाहा तुम्हारे पीछे-पीछे फिरता है, उसकी तरफ देखो और उससे प्रेम करो। वह तुम्हारी पूजा करता है।

**फीबी :** ओ अच्छे चरवाहे, इस नवयुवक को बताओ कि प्रेम करना क्या होता है।

**सिल्वियस :** वह पूरी तरह आँसुओं और आहों से बना होता है। और वही मैं फीबी के लिए हूँ।

**फीबी :** और मैं गैनीमीड के लिए।

**ऑरलेंडो :** और मैं रोज़ालिंड के लिए।

**रोज़ालिंड :** और मैं किसी भी स्त्री के लिए नहीं।

**सिल्वियस :** वह पूरी तरह भक्ति और सेवा से बना होता है। और वैसे ही मैं फीबी के लिए हूँ।

**फीबी :** और मैं गैनीमीड के लिए।

**ऑरलेंडो :** मैं रोज़ालिंड के लिए।

**रोज़ालिंड :** और मैं किसी भी स्त्री के लिए नहीं।

**सिल्वियस :** वह पूरी तरह हास्यास्पद कल्पना से बना होता है। इसके अतिरिक्त प्रबल भावनाओं से, अभिलाषाओं से, भक्ति, कर्तव्य और आज्ञा-पालन से, पूरी तरह नम्रता से, धैर्य और अधैर्य से, पूरी तरह पवित्रता से, परीक्षा तथा प्रेयसी की बात को स्वीकार करने की

तत्परता से बना होता है और वैसे ही मैं फीबी के लिए हूँ।

**फीबी** : और वैसे ही मैं गैनीमीड के लिए।

**ऑरलेंडो** : और वैसे ही मैं रोज़ालिंड के लिए।

**रोज़ालिंड** : और वैसे ही मैं किसी स्त्री के लिए नहीं।

**फीबी** : यदि ऐसा ही है तो तुम मुझे अपने से प्रेम करने का दोषी क्यों ठहराते हो?

**सिल्वियस** : यदि ऐसा ही है तो तुम मुझे अपने से प्रेम करने का दोषी क्यों ठहराती हो?

**ऑरलेंडो** : यदि ऐसा ही है तो तुम मुझे अपने से प्रेम करने का दोषी क्यों ठहराते हो?

**रोज़ालिंड** : तुम भी यह क्यों कहते हो कि 'तुम मुझे अपने से प्रेम करने का दोषी क्यों ठहराते हो?'

**ऑरलेंडो** : उसके लिए जो न यहाँ पर है और न यह सुन सकती है।

**रोज़ालिंड** : ओह, मैं प्रार्थना करता हूँ। अब अधिक नहीं। यह तो ठीक 'आइरिश'—भेड़ियों का चन्द्रमा की ओर पुकारने जैसा है। *(सिल्वियस से)* यदि मैं कर सका तो तुम्हारी अवश्य सहायता करूँगा। *(फीबी से)* यदि मैं कर सका तो तुमसे अवश्य प्रेम करूँगा। कल सभी साथ-साथ मुझसे मिलना *(फीबी से)* यदि मैं कभी स्त्री से विवाह करूँगा तो तुमसे करूँगा और कल हमारा विवाह होगा। *(ऑरलेंडो से)* यदि मैंने किसी मनुष्य को कभी भी सन्तुष्ट किया है तो मैं तुम्हारी इच्छा पूर्ण करूँगा और कल तुम्हारा विवाह होगा। *(सिल्वियस से)* यदि जो कुछ तुम चाहते हो वह तुम्हें सन्तुष्ट कर सकता है तो मैं तुम्हें भी सन्तुष्ट करूँगा और कल तुम्हारा विवाह हो जाएगा। *(ऑरलेंडो से)* क्योंकि तुम रोज़ालिंड से प्रेम करते हो तो लो मिलो। *(सिल्वियस से)* क्योंकि तुम फीबी से प्रेम करते हो तो लो मिलो और चूँकि मेरे पास कोई स्त्री नहीं है इसलिए मैं मिलूँगा! अच्छा, अलविदा। तुम्हें मैंने आज्ञाएं निर्देशित कर दी हैं।

**सिल्वियस** : यदि मैं जीवित रहा तो असफल नहीं हूँगा।

**फीबी** : न मैं।

**ऑरलेंडो** : न मैं।

[प्रस्थान]

## दृश्य 3

[टचस्टोन तथा औड्री का प्रवेश]

**टचस्टोन** : कल खुशी का दिन है औड्री। कल हमारा विवाह होगा।

**औड्री** : मैं अपने पूरे हृदय से यह चाहती हूँ और विवाह की इच्छा करना कोई अनुचित इच्छा नहीं है। लो, निर्वासित ड्यूक के दो सेवक यहाँ आ रहे हैं।

[दोनों सेवकों का प्रवेश]

**पहला सेवक** : ओ सच्चे भद्र पुरुष, खूब मिले।

**टचस्टोन** : सच, अच्छे मिले, आओ, बैठो-बैठो और कोई एक गाना।

**दूसरा सेवक** : हम तो तुम्हारे लिए ही हैं। अच्छा, बीच में बैठ जाओ।

**पहला सेवक** : अच्छा क्या बिना खखारते, थूकते और यह कहते हुए कि हमारी आवाज़ खराब हो रही है, हम गाना शुरू कर दें? ये शब्द बुरी आवाज़ की भूमिका में कहे जाते हैं।

**दूसरा सेवक** : निस्सन्देह! तो आओ दोनों एक स्वर मिलाकर इस तरह गाएँ जैसे दो 'जिप्सी' एक घोड़े पर बैठे हों।

## गीत

[गीत का मूल अर्थ :

एक प्रेमी और उसकी वह प्रेमिका,

वसंत के आनन्ददायक समय में

हरे-हरे खेतों में प्रसन्नता से

विचर रहे थे...
जब चिड़िया गा रही थीं...
प्रेमियों को वसंत भाता है
जब वे राई के खेतों में चलते हैं...
गाँव के लोग यहाँ वसंत में
लेटते हैं...
वे मीठे स्वर से गाते हैं...
वसंत में जीवन एक फूल-सा
होता है...
वर्तमान का उपयोग करो, उसे
व्यतीत मत हो जाने दो...
वसंत से प्रेम अपने पूर्ण विकास
को प्राप्त करता है...]


## गीत

अरे विचरते हरे-भरे खेतों की सुन्दर छाँह में
मधु में प्रेमी अपनी-अपनी प्राणप्रिया के साथ में,
जब खग कलरव करते कलकल,
आता है वसंत यह चंचल,
फूले खेतों में अति विह्वल—
मद से भूले दोनों प्रेमी हँसते हैं हर बात में।
यहाँ लेटती हैं छाया में
ग्रामीणों की टोली गाती,
जीवन एक फूल सा खिलता,
वर्तमान को लो हे साथी!
इस वसंत में प्रेम फूलता है मन के विश्वास में।

**टचस्टोन :** सच, नवयुवकों, यद्यपि इस छोटे-से गीत में कोई अधिक विषयवस्तु नहीं है फिर भी इसकी सरगम ऐसी है कि स्वरबद्ध तो हो नहीं सकती।

**पहला सेवक :** तुम्हारे साथ तो धोखा हुआ है श्रीमान् जी, हमने तो बराबर लय रखी थी और बिलकुल ताल से इधर-उधर नहीं हुए थे।

**टचस्टोन :** निस्सन्देह! पर मैं तो इसे एक मूर्खता-भरे हुए गीत को सुनने में समय नष्ट करना ही मानता हूँ। ईश्वर तुम्हारी सहायता करे और तुम्हारी आवाज़ को ठीक करे। आओ औड्री।

[प्रस्थान]

दृश्य 4

[वन-प्रान्त]

[ज्येष्ठ ड्यूक, अमींस, जेक्स, ऑरलेंडो, ओलिवर तथा सीलिया का प्रवेश]

**ज्येष्ठ ड्यूक :** क्या तुम्हें विश्वास है ऑरलेंडो कि वह युवक जो कुछ वायदा कर गया है उसे पूरा कर सकेगा?

**ऑरलेंडो :** कभी-कभी तो मैं अवश्य विश्वास करता हूँ और कभी ऐसे नहीं भी। जैसे वे लोग जो किसी वस्तु की आशा करते समय डरते हैं और यह जानते भी हैं कि वे डरते हैं।

**[रोज़ालिंड, सिल्वियस तथा फीबी का प्रवेश]**

**रोज़ालिंड :** जब तुम हमारे बीच समझौते की बात उठाओ, तो एक बार और धीरज रखो। तुम कहते हो कि यदि तुम्हारी रोज़ालिंड को मैं ले आऊँ तो तुम उसे यहाँ ऑरलेंडो को समर्पित कर दोगे?

**ज्येष्ठ ड्यूक :** मैं यही चाहता हूँ। काश! उसको साथ देने के लिए मेरे पास साम्राज्य होते।

**रोज़ालिंड** : और तुम कहते हो कि जब मैं उसको ले आऊँगा तो तुम उसे अपना लोगे?

**ऑरलेंडो** : मैं यही चाहता हूँ। काश! मैं सभी साम्राज्यों का सम्राट् होता।

**रोज़ालिंड** : तुम कहती हो कि यदि मैं इच्छुक हूँ तो तुम मुझसे विवाह करोगी?

**फीबी** : वह मैं अवश्य करूँगी चाहे मैं उसके थोड़ी देर बाद ही मर जाऊँ।

**रोज़ालिंड** : लेकिन यदि तुम मुझसे विवाह करने को मना करो तो तुम अपने-आपको इस वफादार चरवाहे को समर्पित कर दोगी?

**फीबी** : ऐसा हो तो आपस का समझौता है।

**रोज़ालिंड** : तुम कहते हो कि यदि वह चाहेगी तो तुम फीबी को अपनी बनाओगे?

**सिल्वियस** : यद्यपि उसको अपनी बनाना और मृत्यु दोनों एक की वस्तु हैं।

**रोज़ालिंड** : मैंने सारी बात को तय करने का वायदा किया है। ओ ड्यूक! तुम अपनी पुत्री को दिए गये वचन का पालन करो। ऑरलेंडो! उसकी पुत्री को प्राप्त करने का अपना वचन पूरा करो। फीबी! तुम मुझसे विवाह करने का वचन पूरा करो और यदि मुझसे मना करती हो तो इस चरवाहे से विवाह करो। सिल्वियस! यदि वह मुझसे मना करे तो उसके साथ विवाह करने का तुम अपना वचन पूरा करो। अब मैं इन सब सन्देहात्मक बातों को तय करता हूँ।

## [रोज़ालिंड तथा सीलिया का प्रवेश]

**ज्येष्ठ ड्यूक** : मैं इस चरवाहे नवयुवक में अपनी पुत्री के से हूबहू कुछ चिह्न पाता हूँ।

**ऑरलेंडो** : ओ मेरे स्वामी! जब पहले-पहल मैंने उसे देखा तो यही सोचा था कि तुम्हारी पुत्री का भाई होगा लेकिन मेरे अच्छे स्वामी! यह युवक तो इस वन में ही पैदा हुआ है और इसके चाचा ने ही इसे यहाँ अनेक जादू-टोनों की शिक्षा दी है। वह अपने चाचा को बहुत

बड़ा जादूगर बताता है और कहता है कि वह कहीं इसी वन में अदृश्य है।

### [टचस्टोन तथा औड्री का प्रवेश]

**जेक्स :** फिर तो निश्चित ही एक दूसरी प्रलय की-सी बाढ़ इधर आ रही है और ये सभी दम्पति 'नूह' की उसी नाव की तरफ आ रहे हैं। वह देखो, अत्यन्त विचित्र प्रकार के वनपशुओं का एक जोड़ा आ रहा है जिनको सभी भाषाओं में मूर्ख कहा जाता है।

**टचस्टोन :** आप सभी को अभिवादन और अभिनन्दन।

**जेक्स :** मेरे अच्छे स्वामी, बैठने के लिए कहिए। यह वही अनेक रंग से रंगे मस्तिष्क वाले भद्र पुरुष हैं जो प्रायः मुझे इस वन में मिला करते हैं। वे शपथ खाकर कहते हैं कि वे राजदरबारी भी रह चुके हैं।

**टचस्टोन :** यदि किसी को इसमें सन्देह है तो वह कहे, जिससे मैं अपनी सफाई दूँ। मैंने अत्यन्त गम्भीर प्रकृति का नृत्य भी किया है। मैंने एक स्त्री की चापलूसी की है। अपने मित्र के साथ कूटनीति का व्यवहार मैंने किया है और शत्रुओं से सरल व्यवहार किया है। मैंने तीन दर्जियों को नष्ट कर दिया। मैंने चार झगड़े किए और एक में सचमुच लड़ाई लड़ी।

**जेक्स :** और वह कैसे हुआ?

**टचस्टोन :** विश्वास करो, हम मिले और हमने पाया कि झगड़ा सातवें कारण पर हुआ।

**जेक्स :** सातवाँ कारण कैसे? मेरे अच्छे स्वामी! इस मनुष्य से प्रेम करिए।

**ज्येष्ठ ड्यूक :** मैं उसको बहुत चाहता हूँ।

**टचस्टोन :** श्रीमान्, आपको ईश्वर प्रसन्न रखे। मेरी भी आपके प्रति यही शुभकामनाएँ हैं। मैं इन विवाह के इच्छुक बने हुए ग्रामीणों के बीच शपथ लेता हूँ, और उसे इसी तरह तोड़ता हूँ जैसे विवाह से एक दूसरे का सम्बन्ध जुड़ता है और रक्त उसे तोड़ देता है। बेचारी

कुँवारी कन्या श्रीमान् जी, बड़ी उपेक्षित वस्तु होती है लेकिन मेरी स्वयं की तो है। श्रीमान् जी, यह मेरी एक बहुत ही निचले दर्जे की भावुकता है कि जिसे कोई स्वीकार न करे उसे मैं अंगीकार करूँ। अत्यधिक सहनशीलता एक छोटे-से घर में एक कंजूस की तरह रहती है श्रीमान् जी, जैसे समझ लो आपकी खराब मछली में आपका मोती।

**ज्येष्ठ ड्यूक :** सच, वह अपनी बातें कहने में अत्यन्त तत्पर और पूरी तरह गागर में सागर उड़ेलने वाला है।

**टचस्टोन :** श्रीमान् जी, मूर्ख के शब्दरूपी तीरों के तथा उसके मूर्खतापूर्ण कार्यों के अनुसार ही!

**जेक्स :** लेकिन सातवें कारण के बारे में। सातवें कारण पर आपने झगड़ा कैसे किया?

**टचस्टोन :** सात बार हटे हुए झूठ के ऊपर। अपने शरीर को और अधिक ठीक करो, औड्री! इस तरह श्रीमान् जी। मुझे किसी राजदरबारी की दाढ़ी का कटान पसन्द नहीं था। उसने मेरे पास सन्देश भेजा कि यदि मैं कहता हूँ कि 'उसकी दाढ़ी अच्छी तरह कटी हुई नहीं है', वह मानता है कि यह अच्छी तरह कटी हुई है। यह कहलाता है, शिष्टतापूर्ण प्रत्युत्तर। यदि फिर मैं उसके पास सन्देश भेजूँ कि 'यह तो ठीक तरह कटी हुई नहीं है' तो वह मुझे उत्तर भेजेगा कि उसने तो अपने-आपको प्रसन्न करने के लिए इसे काटा है। यह शिष्टतापूर्ण व्यंग्य कहलाता है। यदि फिर किसी तरह 'यह अच्छी नहीं कटी है' इस मेरे विचार को उसने पस्त कर दिया तो वह निम्न कोटि का उत्तर कहलाएगा। यदि फिर 'यह अच्छी नहीं कटी है, इसका उत्तर वह देता है कि 'मैं इसमें सत्य नहीं बोलता हूँ' तो यह वीरतापूर्ण दोषारोपण कहलाता है। यदि फिर 'यह अच्छी नहीं कटी है' इस पर वह कहे कि 'मैं झूठ बोलता हूँ', यह कहलाती है 'झगड़ेपूर्ण हाथापाई और इस तरह परिस्थित्यनुकूल झूठ और

सीधे झूठ के लिए!'

**जेक्स** : तुमने यह कितनी बार कहा कि दाढ़ी अच्छी तरह कटी हुई नहीं है?

**टचस्टोन** : मैं परिस्थित्यनुकूल झूठ से आगे जाने का साहस नहीं करता, न वह सीधा झूठ कहने का साहस कर सकता है और इस तरह हमने अपनी तलवारों को नापा और एक-दूसरे से पृथक् हो गए।

**जेक्स** : क्या तुम क्रम से झूठ के अंश निश्चित कर सकते हो?

**टचस्टोन** : ओ श्रीमान्, हम तो पुस्तक में लिखे नियमों के अनुसार झगड़ा करते हैं, जैसे तुम्हारे पास शिष्टाचार सीखने के लिए पुस्तकें होती हैं। मैं इसके अंशों के नाम तुम्हें अवश्य बताऊँगा। सबसे पहला 'शिष्टतापूर्ण प्रत्युत्तर', दूसरा 'शिष्टतापूर्ण व्यंग्य' तीसरा 'निम्नकोटि का उत्तर', चौथा 'वीरतापूर्ण दोषारोपण', पाँचवाँ 'झगड़ेपूर्ण हाथापाई', छठा 'परिस्थित्यनुकूल झूठ', सातवाँ 'सीधा झूठ'। और उसे भी तुम एक 'यदि' लगाकर टाल सकते हो, जब कि मैं जानता हूँ कि सात न्यायाधीश भी एक झगड़े को तय नहीं कर सकते, लेकिन जब दोनों दल मिलाए गए तो उनमें से एक ने इस 'यदि' के बारे में सोचा जैसे 'यदि तुमने ऐसा कहा तो मैंने ऐसा कहा' और उन्होंने हाथ मिलाए और एक-दूसरे को भाई बनाकर आपस में शपथ खाई। तुम्हारा 'यदि' ही शान्ति स्थापित कर सकता है। 'यदि' में बड़े गुण हैं।

**जेक्स** : मेरे स्वामी! क्या यह कोई विरला पुरुष नहीं है? वह प्रत्येक बात में अच्छा है फिर भी मूर्ख है।

**ज्येष्ठ ड्यूक** : वह अपनी मूर्खता को एक लकड़ी के घोड़े की तरह प्रयोग में लाता है और उसके नीचे अपने-आपको छिपाकर अपने वाक्चातुर्य के निशाने लगाता है।

(हिमैन रोज़ालिंड तथा सीलिया का प्रवेश)

गीत

**हिमैन :** [गीत का मूलार्थ :

स्वर्ग में होता है आनन्द

जब पृथ्वी पर वस्तुओं का

मिलना होता है,

अच्छे ड्यूक! अपनी पुत्री का

स्वागत करो,

हिमैन उसे स्वर्ग से लाया है,

यहाँ लाया है।

तुम इसका हाथ उससे मिला दो

जिसका हृदय इसके वश में है।]

गीत

देख मिलन इस पृथ्वी पर

होते हैं वे स्वर्ग सुखी!

आओ प्रियवर उन्हें मिलाकर

एक करो वे रहें सुखी!

एक वक्ष में जब रहता है

दोनों का दिल मिला हुआ,

उनको दूर करो तुम क्योंकर

उनको करना सदा सुखी।

**रोज़ालिंड :** *(ड्यूक से)* मैं स्वयं को आपको समर्पित करता हूँ क्योंकि मैं तुम्हारा हूँ। *(ऑरलेंडो से)* मैं स्वयं को तुम्हारे प्रति समर्पित करता हूँ क्योंकि मैं तुम्हारा हूँ।

**ज्येष्ठ ड्यूक :** यदि मेरी दृष्टि में सत्य है तो तुम मेरी पुत्री हो।

**ऑरलेंडो :** यदि मेरी दृष्टि में सत्य है तो तुम मेरी रोज़ालिंड हो।

**फीबी** : यदि दृष्टि और आकृति सत्य हैं तो मेरे प्रेमी, मेरे प्रेम को अलविदा! क्यों?

**रोज़ालिंड** : यदि आप *(ज्येष्ठ ड्यूक)* वे नहीं हैं तो मैं किसी को भी अपना पिता स्वीकार नहीं करूँगी। यदि तुम *(ऑरलैंडो)* वही नहीं, तो मैं किसी अन्य को अपना पति नहीं बनाऊँगी, न कभी किसी स्त्री का विवाह कराऊँगी, यदि तुम *(फीबी)* वही नहीं हो।

**हिमैन** : शान्त। मैं सारी उलझन दूर करता हूँ। मैं ही इसका उपसंहार करूँगा। कितनी विचित्र घटनाएँ हैं। हिमैन के दल में मिलने के योग्य यहाँ आठ हाथ हैं। यदि सत्य के भीतर तथ्य है, तो दोनों में कोई व्यवधान नहीं रहेगा। तुम्हारे हृदय मिले हैं, प्रेम में एकता है, अपने स्वामी को स्त्री दिलाओ। तुम तो निश्चय एक हो, वैसे कुऋतु और रीति एक हैं। हम विवाह-गीत गाते हैं। सवालों की भरमार करते रहो, तर्क भी अपना विस्मय छोड़ दे कि मिलन कैसे हुआ और समस्या का अन्त हो।

### गीत

[गीत का मूलार्थ :
महान जूनो देवी का राजमुकुट
विवाह है,
परस्पर मिलन की प्रतिज्ञा, जो
श्रेयस्कर प्रतिज्ञा!
यह हिमैन हर जगह रहता है,
विवाह का सम्मान हो,
महान् सम्मान हो इसका,
यश हो,
हिमैन, प्रत्येक नगर का देवता है]

**गीत**

परिणय ही सर्वोच्च मिलन का नाम है,

यही देवताओं को प्रिय है अति काम्य है,

काम! काम ही तो सर्वत्र निवासता,

गाओ उसका यश अगजग में भासता,

सम्मानित है यह मर्यादा आप्त है,

परिणय में ही स्वर्ग-धरा-सुख प्राप्त है।

**ज्येष्ठ ड्यूक :** ओ मेरी प्यारी भतीजी, आओ स्वागत, मेरी पुत्री से किसी भी तरह कम तुम्हारा स्वागत यहाँ नहीं है।

**फीबी :** मैं अपने वचन को नहीं तोड़ूँगी। अब तुम मेरे हो। तुम्हारे विश्वास ने मेरे प्रेम को जीत लिया है।

**[जेक्स दे बोयस का प्रवेश]**

**जेक्स दे बोयस :** मेरे एक-दो शब्द सुनिए। मैं सर रोलैंड का द्वितीय पुत्र हूँ जो इस सुन्दर समुदाय में यह समाचार लाया हूँ। ड्यूक फ्रैडरिक ने यह सुनकर कि बड़े-बड़े प्रतिष्ठित व्यक्ति नित्यप्रति इस वन को जा रहे हैं एक शक्तिशाली सेना को आदेश दिया था और वह उसके सेनापतित्व में उनके भाई को यहाँ पकड़कर तलवार के घाट उतारने के लिए पैदल आ रही थी तो इस वन के किनारे ही उन्हें एक धार्मिक वृत्ति वाला वृद्ध व्यक्ति मिला। उससे कुछ बातचीत करने के पश्चात् ड्यूक अपने इस विचार से और संसार से भी पूरी तरह बदल गया। अपना राजमुकुट यह अपने निर्वासित भाई को समर्पित करने आ रहा है और जो भी उसके साथ निर्वासित हैं उन सबको उसने ज़मीनें वापस दे दी हैं। मैं अपनी सौगन्ध खाकर कहता हूँ, यह सच-सच बात है।

**ज्येष्ठ ड्यूक :** स्वागत है नवयुवक! तुम अपने भाइयों के विवाहोत्सव पर अच्छी भेंट लेकर आए हो। एक को अपहरण की हुई उसकी सारी

भूमि और सम्पत्ति-जायदाद और दूसरे को एक बड़ा भू-भाग, एक शक्तिशाली साम्राज्य! सबसे पहले हमें उन सभी कार्यों को पूरा कर लेना चाहिए, जो इस वन में ही अच्छी तरह प्रारम्भ हुए तथा संचालित हुए हैं और इसके पश्चात् हममें से प्रत्येक जिसने भी आपत्ति-भरे दिन और रात हमारे साथ बिताए हैं, अपनी-अपनी जागीरों की स्थिति के अनुसार हमारे पुनः प्राप्त हुए भाग्य में से अपना-अपना भाग बँटाएगा। कुछ समय के लिए इस पुनः प्राप्त हुए ऐश्वर्य और मान को भूल जाओ और अपने उसी ग्राम्य जीवन के आनन्द में विभोर हो जाओ। खेलो, गाओ और तुम सभी वर और वधू पूरी तरह आनन्द में अपने-आपको खोकर नाचो।

**जेक्स** : श्रीमान् जी, आपकी आज्ञा से ही कहता हूँ। यदि मैंने सच सुना है तो ड्यूक ने एक संन्यासी का जीवन धारण कर लिया है और राजदरबार की शान और दिखावे को उसने त्याग दिया है।

**जेक्स दे बोयस** : हाँ उसने ऐसा ही किया है।

**जेक्स** : मैं उसके पास चलूँगा। इन परिवर्तनों से तो बहुत कुछ सुनने और सीखने को मिलेगा। *(ड्यूक से)* आपको आपका पूर्व गौरव लौटाता हूँ। आपका धैर्य और आपके गुण इसके अधिकारी हैं। *(ऑरलेंडो)* तुम्हें तुम्हारी प्रेयसी देता हूँ, क्योंकि अपने सच्चे विश्वास के कारण तुम उसके अधिकारी हो। *(ओलिवर से)* तुम्हें तुम्हारे भूमि, प्रेयसी और सभी साथियों को। *(सिल्वियस से)* तुम्हें एक लम्बे और तुम्हारे योग्य बिछौने को। *(टचस्टोन से)* तुम्हें विवादपूर्ण झगड़े को। क्योंकि तुम्हारी सुन्दर समुद्री यात्रा में केवल दो मास के लिए ही भोजन की व्यवस्था है, इसलिए अपने-अपने आनन्द में मग्न हो जाओ। मैं तो नाच के सिवाय अन्य आनन्द की वस्तु के लिए हूँ।

**ज्येष्ठ ड्यूक** : ठहरो जेक्स, ठहरो।

**जेक्स** : मैं किसी मनोविनोद की वस्तु को देखने के लिए नहीं ठहरूँगा। जो कुछ तुम करोगे उसे जानने के लिए मैं तुम्हारी उस छोड़ी हुई

गुफा पर ठहरूँगा।

**ज्येष्ठ ड्यूक :** आगे आओ, बढ़ो। हम विवाह की इन रीतियों को प्रारम्भ करेंगे। क्योंकि हमारा विश्वास है कि इनके समाप्त होने पर हमें सच्चा आनन्द प्राप्त होगा।

## उपसंहार

**रोज़ालिंड :** किसी स्त्री के नाटक के अन्त में उपसंहार पर प्रकट होने का कोई प्रचलित नियम नहीं है। लेकिन यह, पुरुष के नाटक के प्रारम्भ में प्रकट होने से, कोई अधिक भद्दी बात भी नहीं है। यदि यह सत्य है कि अच्छी शराब के लिए कोई सिफारिश की ज़रूरत नहीं रहती, तो यह भी सत्य है कि एक अच्छे नाटक के लिए किसी उपसंहार की आवश्यकता नहीं रहती। फिर भी अच्छी शराब के लिए वे अच्छी सिफारिशों का प्रयोग भी करते हैं और इसी तरह अच्छे नाटक भी उपसंहार की सहायता से और भी अच्छे सिद्ध होते हैं। तब मैं किस स्थिति में हूँ, जो कि न तो अच्छा उपसंहार ही हूँ, और न नाटक की स्वयं सिफारिश करके मैं आपका कृपापात्र बन सकता हूँ। मेरे वस्त्र भी एक भिखारी जैसे नहीं हैं, इसलिए भीख माँगना मुझे शोभा नहीं देगा। मैं तो केवल आपसे प्रार्थना कर सकता हूँ और मैं स्त्रियों से प्रारम्भ करूँगा : 'ओह स्त्रियो! उस प्रेम के लिए, जो तुम पुरुषों के लिए रखती हो, मैं तुमसे प्रार्थना करता हूँ कि तुम इस नाटक को जितना अधिक पसन्द कर सको, करो। और ओ पुरुषो! उस प्रेम के लिए, जो तुम स्त्रियों के प्रति रखते हो, मैं तुमसे प्रार्थना करता हूँ; क्योंकि तुममें से कोई भी जैसे तुम्हारी मुस्कराहट व्यक्त करती है, उनसे घृणा नहीं करता; कि मैं तुमसे प्रार्थना करता हूँ कि तुम्हें और स्त्रियों को, यह नाटक प्रसन्न करे! यदि मैं स्त्री होता तो तुममें से अधिकांश को जो दाढ़ी रखते हैं, और जो मुझे अच्छे लगते हैं अवश्य चूमता और साथ में उनको भी,

जिनका रूप-रंग मुझे पसन्द आता! उनको भी जिनकी श्वासों को मैं पसन्द करता, और मेरा विश्वास है कि जितनों के भी अच्छी दाढ़ी है, या अच्छा रूप है या मीठी श्वासें हैं, वे मेरे नम्र निवेदन पर मुझे विदा देंगे।'

[प्रस्थान]

www.ingramcontent.com/pod-product-compliance
Lightning Source LLC
LaVergne TN
LVHW051546170726
843492LV00006B/1969